EL CAMINO HACIA LA LIBERTAD FINANCIERA

Por Milco Baute

PROLOGO

Después de aprender y experimentar por un tiempo negocios de toda clase, negocios corporativos, domésticos, de inversiones y por internet; me doy a la tarea a través de este libro, de guiar a todo hispano, dentro y fuera de su país, a alcanzar sus metas, a lograr el éxito, la independencia económica y que construyan su futuro personal. No podemos cambiar el mundo, pero si podemos cambiar nuestro mundo, nuestro entorno, y eso hará que podamos hacer la diferencia.

Nadie se hace rico trabajando para otro, y los ricos no son ricos por trabajar solos, siempre se necesita la ayuda, que da la fuerza, el empuje, el poder. En el término financiero, a esto le llamamos APALANCAMIENTO, en ingles se diría LEVERAGE. Es la única forma hoy día de hacer y mantener riquezas. Esto es lo que garantiza un dinero residual semana tras semana, mes tras mes. Por esa razón y para sobrevivir la crisis, las grandes y pequeñas empresas se fusionan (se unen), a esto se le llama FUCIONES CORPORATIVAS. Es la vía más segura para sobrevivir a la crisis financiera, depresión económica y recesión, es además la única vía para salir adelante y hacer fortuna.

Este libro tiene el propósito de informar, guiar, enseñar, entrenar y ayudar a todos los latinos, para mejorar su futuro. Mas vale el conocimiento que el oro, porque sin conocimiento no se logra hacer grandes ganancias ni mantener fortunas. El esfuerzo de superación como individuo vale más que el esfuerzo físico, por el cual muchos se malgastan y pierden su vida sin lograr grandes triunfos.

La mayoría de las personas hacen las cosas por costumbre. La vida es un proceso de aprendizaje constante. Para lograr éxitos estables y perdurables debemos estar abiertos a escuchar, aprender y aprovechar el momento y las oportunidades. El mundo evoluciona y tenemos que evolucionar con él, ya sea que usted crea o no en Dios. El mundo va a una dirección y debemos llegar primero si no queremos ser más pobres cada día.

Cada día los ricos son más ricos y los pobres más pobres. La diferencia está en la manera de pensar y hacer las cosas. Si queremos progresar y prosperar debemos aprender de los que saben, de los que triunfan. No ser parte de la corriente de mediocridad y temor que existe en el mundo, por estar mal informados, mal enseñados y mal entrenados.

Hacer lo mismo todos los días sin resultados diferentes lo único que lograra son los mismos resultados, nada cambiara. Muchos hombres se hicieron grandes solo por hacer las cosas diferentes, no por ir con la corriente.

Se puede nacer pobre involuntariamente, pero se muere pobre voluntariamente. Si el destino existe tenga por seguro que solo usted es el que lo cambia.

Las personas se ahogan por pánico, por temor no porque no saben nadar. Para no ahogarse en aguas profundas no se necesita nadar sino flotar, y todos flotamos. Se nada para avanzar no para flotar. No sigas la corriente de mediocridad andando siempre en temor, desconfianza y egoísmo sino quieres ahogarte en crisis económicas que solo surgen para que cambiemos la forma de hacer las cosas, para que evolucionemos, para actualizarnos, para prepararnos al cambio. El mundo está en continuo cambio y desarrollo. Nunca vamos para atrás sino hacia adelante. Si no tienes lo que quieres o necesitas es porque no lo has buscado, no te has informado y sigues aferrándote a los viejos rudimentos del mundo.

Si quieres cambiar tu mañana, empieza hoy, aprovecha la información y herramientas que aquí te doy. Para que haya progreso debe haber cambio. Empiece a cambiar la manera de hacer las cosas y vera mejores resultados.

CONTENIDO

SIGLO XXI, LA ERA DIGITAL
O ERA DE LA INFORMACION

Al comenzar el siglo XXI, hemos entrado a, la era de la información. Todo se controla, se maneja, se dirige y se realiza de manera virtual, por medio de la tecnología cibernética o informática. De colapsar este sistema, ocurriría un caos mundial incontrolable.

La tecnología existe para ayudarnos y para el progreso. La tecnología también nos ayuda a ganar dinero, en medio de crisis mundiales que afecta a millones de personas. Pero Dios, el Creador siempre nos da una salida a cada problema. En el diluvio, de los días de Noé, Dios les mostró la salida, la salvación, que fue el arca que describió a Noé para que hiciera, para que se salvara él, su familia, los animales y todo aquel que quisiera. Desafortunadamente la mayoría de la humanidad en aquel entonces no creyó y el diluvio acabó con todos, excepto Noé, su familia y los animales.

Hoy en día, también Dios nos da una salida, una solución a la crisis mundial incontrolable e irreversible, ya que todo está bajo los designios de Dios y solo aquellos que sepan tomar la correcta decisión, saldrán ilesos, salvos y vencedores.

Hoy en día, hay una manera mejor de producir dinero sin depender de un empleo, el cual no te dará la seguridad de emplearte hasta tu retiro, esa garantía es cada día más difícil, así seas integro en tu trabajo. También puedes perder tu empleo y por tanto tus ingresos, si te enfermas o accidentas.

Esa manera mejor, la cual te hará libre financieramente, según el empeño y dedicación que le pongas, se llama Network Marketing o Mercado en Red.

Este tipo de negocio o ingreso funciona, es real, es legal, y es la mejor manera de emprender tu propio negocio y dejar de ser esclavo de un salario que no te alcanza, por horarios de trabajo, sea full time (tiempo completo) y part time (medio tiempo). De vivir al día, de seguir la corriente de mediocridad de este mundo, que se ve afectado y angustiado por crisis económicas. Tú no tienes que ser ellos, no tienes que resignarte a ser otro mediocre y perdedor. No tienes que depender de nadie sino de tu dedicación, entusiasmo y de tu interés de hacer la diferencia, de ser cabeza y no cola, libre e independiente. No te resignes a perder, toma una decisión que te beneficie a ti, tu familia y la gente que quieres. No te resignes a ser partícipe de la crisis, no te resignes a ser otro perdedor.

Recuerda que estamos en el siglo 21, La Era Digital, de la información, que debemos de actualizarnos y dejar los rudimentos de este mundo. La tecnología y la ciencia avanzan para nuestra tranquilidad, no para nuestra desgracia o infortunio. El mundo gira y nosotros con él, el mundo evoluciona, nosotros también. En el mundo hay para todos, ¿por qué entonces las cosas cada vez son más duras, los ricos son más ricos y los pobres, más pobres? Por la manera de pensar y hacer las cosas, por lo que decidas ahora y a lo que dediques tu tiempo, por no hacer nada por temor a fracasar.

Seas empleado o desempleado, puedes emprender este tipo de negocio, para que llegues a ser libre financieramente y disponer de más tiempo para tu familia, los amigos y disfrutar más la vida. Lo más importante en la vida de cada persona, independientemente de Dios y la familia, es la salud y el tiempo. Sin salud no podemos hacer nada para Dios (aquel que crea) y nuestra familia, ni alcanzar metas, ni tener logros, ni muchos planes. El tiempo es indispensable para dedicárselo a Dios (aquel que crea) y a la familia; también es necesario para compartir con amigos y disfrutar la vida. Estamos en una batalla contra el tiempo, lo que hagamos hoy repercute mañana, las decisiones que tomemos hoy afectaran nuestro futuro, sea para bien o para mal. ¿Pretende alcanzar resultados diferentes haciendo lo mismo cada día?

El tiempo que usted dedique hoy en superarse, fundar su negocio y construir su futuro, le dará el tiempo más que necesario para Dios (aquel que crea), su familia, sus amigos y disfrutar la vida. Su decisión hará su futuro. No es difícil, es un paso a la vez, el comienzo es hoy, y mientras más tiempo le dediques a fundar tu negocio, más grande será el progreso, solo es dedicarle un tiempo ahora para que crezca solo, puedas suplir todas tus necesidades, las de tu familia y tener el tiempo para todo lo que necesitas. No hay libertad verdadera sin una libertad financiera.

Dedica tiempo hoy a construir tu futuro y mañana te sobrara el tiempo. Supérate un poco, sin esfuerzos ni estudios académicos, es solo cuestión de informarte y entrenarte a ser líder, a ser emprendedor, es gratis, es para todos.

La otra cosa muy importante es conocer que industria te conviene para emprender ese negocio simple, lucrativo y sin riesgo. La Industria del Bienestar es la industria de mayor crecimiento económico. Mientras otras industrias nunca se recuperarán de la crisis, o progresan muy poco, la Industria de Bienestar sigue creciendo, Imagínese a Bill Gates compartiendo su fortuna, su monopolio con todos los que quieran, pues es algo parecido lo que la Industria del Bienestar está creando y haciendo. La Industria del Bienestar tiene para darle empleo a todos los desempleados del mundo entero, y mucho más aún.

¿Quieres ser parte de esta mega gran tendencia?

La Industria del Bienestar con la Compañía del Bienestar situada en Idaho, Estados Unidos, y para los residentes de Estados Unidos, Canadá, Puerto Rico, México, algunos países de Europa y Asia, es la que promueve el Bienestar Físico, el Bienestar Económico, el Bienestar Ambiental y el Bienestar Personal.

- Bienestar Físico para vivir una vida más larga, más saludable y activa.

- Bienestar Económico para pagar todas sus deudas y asegurar su futuro económico.

- Bienestar Ambiental para hacer que nuestros hogares y el medio ambiente sean más limpios y seguros.

- Bienestar Personal para lograr el equilibrio, la libertad y la tranquilidad en su vida personal y familiar.

¿Qué otra industria pudiera lograr eso?

Cada década trae un cambio, cada siglo más desarrollo y progreso y cada milenio una nueva era y mayor evolución. Por si no se ha dado cuenta, estamos en el siglo XXI, ya vamos para la tercera década, un nuevo siglo y un nuevo milenio. ¿Pretende seguir viviendo y haciendo lo que hacía en la década pasada, el siglo pasado, el milenio pasado? ¿A dónde cree que se dirige el mundo? ¿Cree que todo va a seguir igual?

Creo que la recesión o depresión económica es de Dios, Dios la creo para que cambiemos nuestra mentalidad y nos trasformemos en el espíritu de nuestra mente, no siguiendo los rudimentos del mundo, trabajando más, alcanzando menos, desperdiciando el tiempo que otro controla y decide cuanto ganar y hasta cuando trabajas. La crisis económica mundial y la recesión del 2008 solo llego para traernos un cambio, un cambio en la manera de hacer las cosas, un cambio para construir un futuro mejor, sin dependencia económica, sin estrés y sin enfermedades producto de ese mismo estrés y ese modo de vida. El futuro empieza ahora. El nuevo milenio, el nuevo siglo y esta nueva década lo demanda, demanda ese cambio, del cual se beneficiarán los que supieron aprovechar la oportunidad. Sin cambio no hay progreso.

El mundo no es lo que era hace 30 años y será mucho más distinto dentro de los próximos 30. Se imagina que dentro de 20 o 30 años usted se dé cuenta que tuvo la oportunidad de cambiar su futuro y no la aprovecho, ya cuando decida tomar acción y los beneficios de la mega tendencia de la Industria del Bienestar le será mucho más difícil debido que la competencia será mayor y se estima que el 50 % de la población de Estados Unidos estén participando o trabajando parcial o activamente en esta industria. A quien le va a usted a hablar, al otro 50 %? Eso es como querer fundar una iglesia en un vecindario donde hay varias, es como querer vender el mismo producto que todos venden en una feria. En otras palabras, construir su negocio le tomará más tiempo, más esfuerzo y será más difícil. Por otra parte, sus fuerzas no serán la mismas y quizás su salud no sea la misma, debido a la toxina que ingiere en productos y alimentos de las tiendas y supermercados y debido al mismo calentamiento global que ha cambiado los componentes de las frutas, viandas, vegetales y la vida animal, todo este sumado con el estrés que vive.

Todo el mundo habla de cambios, de mejoría, de progreso, de desarrollo, pero aún están pensando en que eso vendrá haciendo lo mismo que en los 90. El cambio ya empezó, el desarrollo sigue creciendo y el progreso individual es cuestión de decisión, no de trabajo. No es trabajar más, es trabajar diferente. Es hacer las cosas diferentes, porque esa diferencia es la que cambiará la vida de muchos y traerá esa mejoría que esperamos. No espere que el gobierno le cambie o mejore la vida. Analice cual será el trabajo ideal y el negocio más próspero. Piense como los ricos, que buscan invertir en el mercado que más crece.

Usted no necesita un gran capital, solo informarse, decidirse y tomar acción, invirtiendo en lo que ya invierte (bienes comerciales), ganando lo que nunca ganó.

La tecnología se hizo para ayudarnos, para el bien y el progreso. La tecnología no pidió permiso cuando cambiamos de VHS a DVD, ni de casetes a CD, ni de señal por cable a señal digital. Aproveche las herramientas que tiene, que están en sus manos. Hoy en día casi todos los hogares de Estados Unidos tienen internet, hoy en día, mucha gente paga sus cuentas, se informa y compra por internet. Hoy en día más del 50 % de los empleos convencionales solo aceptan aplicaciones por internet. ¿Sigue usted pensando que el internet no es indispensable o solo sirve para correos electrónicos, chateos y alguna que otra información que se quiera buscar? Pues dependemos tanto del sistema que de colapsar el mismo, habría una catástrofe mundial.

La seguridad, la educación, la economía, la información, la distribución, la investigación, la salud, la política y el bienestar dependen de las redes.

Te instamos a ser un emprendedor, convertirte en líder de la Industria del Bienestar, para un futuro mejor, para ti, tu familia, la sociedad y el planeta.

Tres cosas importantes que aprenderás en este libro: Mercado en Red, Ventas Directas y La Industria del Bienestar, con un concepto que puede cambiar tu vida si lo practicas: Valor Adquirido de los Bienes Comerciales.

¿Por qué los Ricos son cada vez más Ricos y los Pobres cada vez más Pobres?

Muy simple, la respuesta es: debido a su forma de pensar.

¿Cómo Piensan los Ricos o Emprendedores?

Los Ricos compran Activos (que les generan Pasivos). Los Pobres y la Clase Media solo compran Pasivos (y los generan solo con su esfuerzo.

Aquí es donde está el secreto, la clave de la diferencia entre Ricos y Pobres, en el conocimiento de ¿Que es un Activo? y ¿Que es un Pasivo?

Un Activo: es todo aquello que pone dinero en tu bolsillo en los diferentes mercados donde se mueve la gran parte del dinero, como son el mercado inmobiliario (bienes raíces), mercado de valores, el mercado de divisas, etc.

Un Pasivo: Es todo aquello que saca dinero de tu bolsillo (como muebles, ropas, autos, casas y todo lo que necesitas).

Es cierto que los ricos poseen casas lujosas, barcos lujosos, autos lujosos, viajan el mundo, se hospedan en hoteles caros, etc.

pero también es cierto que los ricos poseen Activos que le generan suficiente dinero para tener todas esas cosas que son Pasivos, en otras palabras los Ingresos de los ricos son mucho mayor que sus gastos, y sus ingresos son crecientes cada día, los pobres y clase media no poseen Activos o quizás posean algún Activo pero no cubren los gastos de sus Pasivos, es decir los ingresos de los pobres y de la clase media son menores que sus gastos, por eso se endeudan cada día siendo cada vez más pobres.

Lo que realmente sucede es que la mayoría de las personas no conocemos este secreto de las finanzas, tenemos que dominar muy bien el concepto de Activos y Pasivos si queremos tener libertad financiera.

Libertad financiera significa: Poseer Activos que nos generan ganancias sin emplear nuestro esfuerzo físico, ni salir a trabajar diariamente, es ganancia residual creciente que supera la inflación y nuestros Pasivos.

Tú puedes ser libre financieramente comprando Activos.

Algunos pensamientos de los millonarios:

1) Si de todas maneras tienes que pensar, piensa en GRANDE.

2) Es mejor el 1% del esfuerzo de 100 personas que el 100% de tu propio esfuerzo.

3) Nadie se hace rico trabajando por si solo.

4) Los hombres de éxito construyen redes, el resto son entrenados para conseguir empleo.

5) El dinero nunca alcanza.

La crisis económica mundial es solo una vía para enseñarnos a aprovechar las oportunidades, aprender cosas nuevas y tomar decisiones porque ya no se puede depender de un trabajo inseguro y de mala paga, ni de un negocio que te esclaviza y no te alcanza.

Todo negocio que de ganancias es buen negocio. No quiero ser absolutista promotor de una sola cosa, porque la mejor manera de crecer económicamente es "diversificar", o sea divertir en varias cosas, o negociar. Todo dinero proviene de los negocios, todos participamos en algún negocio, ya sea que trabajamos para el negocio de otro o para nuestro propio negocio.

La idea es saber hacer negocios, con poca inversión, menos riesgo y menos perdida, preferiblemente con empresas o traders comprobados, reconocidos, seguros y calificados. No se puede arriesgar sin haber estudiado el negocio e investigado la empresa primero. En términos de negocios debemos de pensar y analizar con la cabeza fría, no por emoción, aunque veamos las ganancias de otros.

Por esta razón es que promuevo una industria estable, creciente, poderosa, como la industria del bienestar, preferiblemente con empresas comprobadas, calificadas y con historial, como son Melaleuca, Amway, 4life, y otras que están surgiendo a través del mercado en red o consumo mercantil. Estas que cite son las más antiguas, registradas y calificadas por el Better Business Bureau. Otras que tienen poco tiempo y ofrecen solo un tipo de producto o un tipo de línea de productos serian de más riesgos. Algunas de estas usan el sistema MLM o Mercado Multinivel. Pero hay otros tipos de negocios que no involucran productos como son Activos en la Bolsa de Valores y Bolsa de Divisas.

DINERO

¿Conoces el concepto de dinero?

1. Un modo de intercambio. El dinero no es de nadie, no tiene dueño (en todo caso es de Dios).
2. El dinero tiene que fluir, no se puede estancar.
3. El dinero genera dinero. Es la mejor forma de ganar dinero. Trabajar para otro o prestar un servicio es solo una manera, pero nadie se hace rico trabajando.

Aplica estos tres principios básicos y comienza a hacer lo que hacen los que tienen dinero, y tu vida cambiara, comenzaras a ganar el dinero que necesitas, el que deseas y el que mereces.

Te enseñaron a buscar empleo, a estudiar para ganar más (pero trabajando para otro), a que hay que tener mucho dinero para comprar activos o comenzar un negocio prospero, y eso lo ves muy lejos para lograr. Mentiras, solo te quitaron el sueño, te pisotearon tus metas y propósitos; te han enseñado a ser esclavo de otro que controla tu vida y tu tiempo. Lo peor es que eso mismo le enseñas a tus hijos.

Se pierde cuando se pierde el sueño, pero despierta, no te quedes dormido, porque ya estamos en la segunda década del siglo 21. En el mundo hay para todos, solo que los visionarios y emprendedores lo alcanzan, los otros seguirán en las mismas o peor aún.

Estamos acostumbrados a asociar el trabajo con dinero y el dinero con trabajo. Creemos que la única forma de generar o ganar dinero es haciendo un trabajo tradicional, o que el trabajo solo se hace para ganar dinero. Muchas veces trabajamos, o hacemos un trabajo sin ganar dinero. Solo ganamos dinero cuando hacemos un contrato o damos un servicio por nuestro trabajo. También estamos acostumbrados a asociar el trabajo con algo físico, y no siempre es así, pues hay muchas maneras de hacer un trabajo y esto solo requiere la mente o la voz. Un trabajo, oficio y profesión es lo que le genera ingresos no necesariamente en una jornada laboral para una empresa o compañía. Hay innumerables trabajos, oficios y profesiones. No siempre se necesita cumplir una jornada laboral en una empresa, ni ir a un sitio a hacer su trabajo. Muchas personas hacen su trabajo en sus propias casas. El trabajo no es malo, es indispensable, pero la manera más sabia es trabajar para uno mismo, no para otro.

¿Qué es el dinero?

Estamos acostumbrados a relacionar el dinero solo con billetes y monedas. El billete o la moneda es el dinero efectivo, el circulante, pero existe otro tipo de dinero llamado dinero electrónico, y es el más usado hoy en día.

El efectivo generalmente se usa entre individuos. Actualmente el dinero más corriente es el dinero electrónico, especialmente en los países desarrollados del primer mundo. Hoy en día todo el que tiene una cuenta bancaria usa tarjetas de débito o crédito, y cheques para pagar.

A un empleado de una empresa le pagan con un cheque, este dinero electrónico lo deposita en el banco, y con su tarjeta de banco hace compras y paga los servicios. En muchas ocasiones se pagan los servicios por internet.

El dinero es un medio de intercambio por un servicio o entre individuos. Con dinero pagamos todo lo que usamos y necesitamos. Estamos dando dinero a cambio de un servicio y viceversa.

Antiguamente se usaba como dinero sal y ganado, y en otros casos animales como caballos, camellos, etc. Cuando se descubre el metal, se le da valor a este, y de ahí comienza a usarse como modo de intercambio. Posteriormente se crean las monedas en oro, plata, cobre y por último los billetes y el dinero electrónico. A partir de la segunda década del siglo 21 hemos comenzado a ver una nueva moneda que ya no es la divisa convencional, y se llama el bitcoin del cual hablare más adelante.

¿Cómo generamos dinero?

Como dije antes, no solo trabajando una jornada laboral se genera o se gana dinero. Hay muchas formas de ganar dinero, como, por ejemplo, cuando vendemos algo, estamos cambiando algo nuestro por dinero. Y el otro caso es invirtiendo una suma de dinero. Cuando hablamos de inversiones tenemos que tener en cuenta que dinero es desde un centavo hasta infinito.

Para muchas personas un centavo o menos de un dólar en ganancias por interés no es dinero, incluso piensan que menos de $10 dólares en ganancias por interés o por comisiones no es dinero. Pero si usted acumula 10, 20 o 50 centavos diarios, es un dinero que se multiplica; y aunque en un mes, dos o más, le siga pareciendo que no es mucho lo que gana, llegará el momento que se convierta en miles y millones de dólares. Y aún más, si se incrementa haciendo redes, o sea, compartiendo el concepto y el negocio con otros.

También muchas personas creen que un numero de dos, tres y cuatro dígitos es mucho dinero, pero en el mundo de las inversiones, cuando se invierte, $100, 1000 o 9999 dólares no es mucho dinero. Recuerde que mientras más se invierta más se gana, pues cuando se invierte, estamos poniendo el dinero a trabajar para nosotros y no nosotros para el dinero. Usted invierte según lo que es capaz de invertir, pero con algo se empieza.

Para esas personas que piensan tanto que un centavo no es dinero (como ganancia residual, por comisión o interés), como que $1000 y $9999 es mucho dinero (como inversión), les costará trabajo crecer como inversionistas y progresar como individuos. Somos más dados a comprar y acumular cosas que se pierden con el uso, a invertir para nuestro futuro y de nuestra familia. Recuerde que lo que usted haga hoy repercute mañana.

La mayoría de la gente vive en una constante crisis financiera. No por el hecho de las crisis económicas mundial que surgen por tiempos, sino por los malos hábitos y la manera de pensar. Creemos que solo ganaremos dinero trabajando, y mientras más duro y más trabajemos, más dinero ganaremos.

Cuando logramos ganar dinero extra, lo gastamos o nos endeudamos, de manera, que nos esclavizamos a las deudas y al trabajo o a los trabajos. Entonces seguimos la corriente de mediocridad y seguimos cada día trabajando más, gastando más, endeudándonos más, y aun así, no nos alcanza. Le robamos el tiempo a nuestros hijos, pues no nos alcanza para criarlos y educarlos. Malgastamos nuestra salud y nos estresamos por exceso de trabajo y deudas, terminamos enfermos y con problemas matrimoniales.

Hay muchos tipos de inversiones. Las personas invierten en un negocio de servicios, gastronomía o restaurant, en bienes raíces, en la bolsa de valores y en la bolsa de divisas, pero usted puede invertir en lo que ya invierte y ganar lo que nunca gano, ganar lo que le pertenece. Hablamos de Bienes Comerciales.

Creemos que para invertir necesitamos tener dinero de más o dinero extra.

Las personas libres financieramente construyen o hacen redes, las demás están entrenadas para ser empleados.

En el mundo de las inversiones y negocios virtuales, estamos experimentando cambios de moneda electrónica o digital con el fin de evitar la inflación, el control y las sanciones bancarias, y de hacer una manera más rápida las ganancias. Esta se llama BITCOIN.

Bitcoin es una moneda digital creada en el año 2009 y que opera sin una autoridad central, lo que significa que no está producida ni sancionada por bancos ni por gobiernos, y por lo tanto no tiene lazos con monedas nacionales. Las transacciones que se llevan a cabo con Bitcoins son hechas de forma colectiva en

Internet, lo que significa que transferencias de Bitcoins se pueden hacer, nacional o internacionalmente, transfiriendo cantidades entre dos dispositivos, sin pasar por un banco o institución que medie la transacción. Bitcoin es un proyecto de software libre basado en tecnología P2P y puedes conocer más en su página oficial o en su página de wiki.

Hacia abril del 2013, se calcula que hay cerca de 10.9 millones de Bitcoins en circulación, y la especulación sobre de qué tan seriamente se debe de tomar a esta moneda virtual está tomando altura en conversaciones y servicios noticiosos.

¿Cómo funciona esto del Bitcoin?

Básicamente un usuario que quiere comenzar a usar Bitcoin debe de hacerse de una cartera o billetera virtual especial para Bitcoins, que es un software que instalas en tu computadora o en tu dispositivo móvil (puedes conseguir una en la página de oficial de Bitcoin).

Esta billetera genera una dirección única y específica para ti, misma que necesitarás compartir si deseas hacer transacciones. Cada billetera tiene una llave privada (creada con algoritmos de criptografía), que se usa para hacer firmas digitales y que verifican identidad y evitan que se hagan alteraciones a las transacciones.

Las transacciones con Bitcoins son verificadas usando un registro público compartido, llamado blockchain, que mantiene absolutamente todas las transacciones que se hacen, sin excepción. El blockchain se encarga de asegurarse de que un usuario efectivamente tiene la cantidad de Bitcoins que pretende gastar.

Una transacción con esta moneda virtual es en realidad una transferencia de una cantidad entre dos billeteras (o direcciones) de Bitcoin. Las transacciones son trasmitidas y confirmadas en la red mediante un proceso llamado mining.

Mining es un sistema distribuido que se usa para confirmar e incluir transacciones en el blockchain, manteniendo un orden cronológico y distribuye el proceso en diversos equipos de cómputo. Parte de lo que hace este sistema es implementar varios niveles de seguridad que evitan la manipulación o alteración de las transacciones que se llevan a cabo.

Puedes informarte más en google y youtube.

Las cinco cosas que debes saber si estás considerando usar Bitcoin

1. Bitcoin es experimental. Lo que significa que su aceptación y uso en el futuro es todavía incierto.

2. El precio de Bitcoin no está estable. Bitcoin se debe considerar como un activo de alto riesgo, y nunca debes almacenar dinero que no puedes permitirte el lujo de perder con Bitcoin. Debes de tratarlo como una moneda para adquirir cosas, no como un vehículo de inversión.

3. La billetera debe ser protegida. Considera seriamente el uso de tu billetera de Bitcoin, no es un juguete y no debes de cuidarlo tal como cuidas tu billetera en el mundo real.

4. Los pagos con Bitcoin no son reversibles. Sólo la persona que recibe los fondos puede reembolsar un pago hecho con Bitcoin.

5. El uso de Bitcoin no es anónimo. Todas las transacciones se almacenan en público, lo que significa que cualquiera puede ver el saldo y transacciones de cualquier dirección Bitcoin, aunque la identidad del propietario es asociada hasta que la información personal es revelada por el propietario durante un intercambio.

Pasos a seguir si quieres usar Bitcoins

Si quieres entrar al mundo de Bitcoin, recuerda que se trata de un mundo de alto riesgo. Estos pasos son simplemente una guía para usar Bitcoins, con los que no sugiero ni pretendo animarte a que uses este tipo de moneda. El uso de Bitcoin es totalmente una decisión personal y, si decides usar esta moneda, te recomiendo que te mantengas al tanto de cómo evoluciona su aceptación y nivel de confianza en el mundo de transacciones en línea.

1. Obtén una billetera. Puedes conseguir una en la página de oficial de Bitcoin (hay varias opciones). Las billeteras están disponibles para Windows, Mac y Linux, o puedes usar la versión de Android para tu dispositivo móvil. También puedes optar por usar una en línea.

2. Obtén Bitcoins. Puedes ver si hay quienes te pueden proveer de Bitcoins en tu área visitando la página LocalBitcoins.com o TradeBitcoin.com. También puedes obtenerlas mediante casas de cambio de Bitcoins como Bitstamp o CampBX. Puedes adquirir Bitcoin usando cuentas bancarias con la página Bitinstant.

EL CUADRANTE DEL FLUJO DE DINERO
(de Robert Kiyosaki)

En el cuadrante del Flujo de Dinero existen 4 niveles de ganancia.

El lado izquierdo del cuadrante depende del lado derecho sin embargo la mayoría de las personas permanecen en el lado izquierdo. El 95 % de la población es empleado o auto empleado pero el 95 % de los ingresos son generados por Inversionistas o Dueños de Empresas.

El empleado es la persona que más trabaja, más impuestos paga, más endeudado, menos le pagan y menos tiempo le queda.

El empleado por cuenta propia o dueño de un pequeño negocio es esclavo de su negocio, trabaja tanto y más que el empleado a veces paga impuestos y también carece de tiempo para su familia y su vida personal.

El dueño de una o varias empresas, trabaja menos, gana mucho más y tiene más tiempo para su vida personal y su familia.

El inversionista es el que menos trabaja, gana según su inversión, paga menos impuestos, es dueño de su tiempo y es libre financieramente.

De la población mundial solo 1 % son ricos, 4 % libres financieramente y 95 % son pobres o endeudados.

Puede conocer más y adquirir el libro de Robert Kiyosaki que habla del tema en:

(https://books.google.com/books?id=poNKCAAAQBAJ&hl=es&source=gbs_book_other_versions)

Las personas por lo general se sienten atrapadas y esclavizadas en su rutina, su tradición y su mediocridad involuntaria. ¿Por qué ocurre esto? Por falta de conocimiento, y por temor.

MIEDO + IGNORANCIA = MEDIOCRIDAD, una fórmula que no le conviene. Las personas prefieren seguir esa tradición y rutina de vida a causa de ese miedo que les asecha constantemente. Miedo a que le estafen, a perder lo poco que tienen, que han logrado alcanzar, que ahorraron, que trabajaron duro, porque sus conceptos y la visión que tienen son limitados.

Pero aquellos que viven la vida con ese temor igual van a perder, porque terminaran gastando ese dinero que consiguieron con esfuerzo, o comenzaran el negocio equivocado, el negocio que los va a esclavizar más, a atar a los rudimentos del mundo. El negocio que les dará quizás más pérdida que ganancia.

¿Cuántas personas no abren un pequeño negocio que luego tienen que cerrar porque a la final ni les alcanza para pagar todos sus gastos?

La mayoría de las personas se malgastan por un salario miserable, que, aunque parezca el correcto, no es lo suficiente para cubrir sus gastos y mantener a su familia. Y digo malgastan porque no puedo usar la palabra trabajar, pues se supone que de su trabajo cada persona cubra para su vida y para su familia, pero no es así. Por lo que se ven obligados a tener dos y hasta tres trabajos o empleos, para poder sustentar sus casas. Eso se llama afán. Haciendo eso pensamos que estamos dándole un futuro a nuestros hijos, pero lo que estamos es robándole a nuestros hijos el tiempo que debemos pasar educándolos y criándolos. Dios no quiere eso para nadie, porque por mucho que uno se afane no podrá añadir a su estatura más de lo que mide.

Una jornada laboral de 8 horas diarias y 5 días a la semana debiera ser suficiente, pero hoy en día normalmente (aunque debiera decir anormalmente) las personas trabajan mucho más que eso, y se olvidan de que su primer trabajo en esta vida y en este mundo es el de padre o madre, en el caso que lo sea.

Entonces lo que se supone que debieran hacer ya no lo hacen y lo que no debieran es lo que hacen, atándose a sí mismos a un estilo de vida esclavizante. Rechazamos las oportunidades que Dios nos da, rechazando el conocimiento que nos puede librar de esas ataduras, rechazando lo realmente bueno, porque ya en este mundo a lo malo se le llama bueno y a lo bueno malo.

El problema no es ser mediocre e ignorante, el problema es seguirlo siendo. Debemos de TRASCENDER, ir más allá de los límites, trazarnos metas, investigar, estudiar, instruirse, hacer un patrimonio para nuestros hijos, no conformarse con una condición de pobreza, de limitación. La persona emprendedora trasciende y sale adelante, no se estanca, no se conforma a vivir en la mediocridad.

Si usted lee tanto la palabra mediocridad es porque realmente le insto a que se vuelva un emprendedor, no importa cuántos fracasos haya tenido en la vida, no importa cuántos intentos por progresar y salir adelante le hayan salido mal. No renuncie nunca a volver a empezar, a seguir luchando, a querer triunfar, a buscar el éxito y la libertad financiera, no pierda el foco, no se limite, no rechace cuando le ayudan, no rechace aprender cosas nuevas. Hoy en día los medios de comunicación como radio y televisión en lugar de informarnos correctamente nos espantan aún más, creándonos ese miedo a todo lo nuevo, provocándonos el rechazo al progreso. Nos dicen que cuando le ofrecen un negocio muy bueno es porque es una estafa. Realmente, aunque hay estafas, para eso uno debe de tomarse el tiempo de investigar cualquier negocio que va a hacer, informándose bien.

Ya sea un negocio global, como un negocio local o una inversión, siempre estaremos expuestos a que alguien nos estafe, aun dentro de la misma familia y amigos se corre el riesgo que nos estafen. Pero si solo andamos pensando lo malo o temiendo perder es más probable que perdamos en lo que menos imaginamos, porque el temor no atrae nada bueno. No hay que pecar de ingenuos, pero tampoco andar en temor, porque perdemos oportunidades y precisamente por temor a fracasar nunca triunfaremos.

Yo era empleado, dependía de un salario, un salario nada mal, $700 aproximadamente a la semana para el 2007. Pero trabajaba en una empresa que estaba a punto de cerrar. Decidí salirme de esta empresa en cuanto reuní el dinero necesario para abrir un pequeño negocio con muy poca inversión. Exactamente un negocio de Internet con Video Juegos en el país de Perú, donde decidí ir a vivir cuando comenzó la Recesión Económica en el 2007, siendo ciudadano de Estados Unidos, viviendo en una superpotencia económica (primer mundo), me vi en la obligación de emigrar porque no encontraba trabajo y el poco dinero ahorrado se me iba a perder como agua entre las manos. Este negocio que abrí en Perú me duró menos de 6 meses porque no me alcanzaba para pagar todos los gastos que eran muchos. Vendí todo lo que pude, pero como es lógico, terminé perdiendo más que ganando.

Luego de cerrar este negocio, me tuve que regresar a Estados Unidos y estuve 6 meses sin encontrar trabajo o empleo alguno. Pero a Dios gracias aprendí sobre Network Marketing por medio de un amigo que también quedó desempleado.

Comencé a asistir a unas clases y poco a poco aprendí más del asunto. Logré hacerme un líder de Network Marketing e Inversionista en Bienes Comerciales, pues no soy una persona que se limita a aprender, sino que he aprendido a trascender y estudiar por mi cuenta, usando la tecnología del internet que es la que a la vez me provee mi sustento y el de mi familia.

En ninguna escuela o universidad le enseñan a nadie a ser rico, pero uno debe de aprender cómo piensan los ricos, no escuchar a los perdedores, mediocres, ignorantes, fracasados ni aun incluso los que crean pánico o desinforman como la misma radio y televisión. Cualquier profesión y oficio es decorosa, pero no todas las personas saben cómo se logra la libertad financiera sino no trabajaran para otros.

Nadie se hace rico trabajando solo y la mayoría de las personas más rica del mundo no nacieron ricos, aprendieron a serlo. Ellos son los que mejor nos pueden enseñar y en realidad lo hacen o lo tratan de hacer, algunos de ellos, aquellos que entienden la regla de oro, de tratar a los demás como quieres ser tratado.

La gente más rica del mundo no depende de un oficio o profesión, depende de sus inversiones. Las celebridades que son ricos son también empleados por otros. Aun incluso los deportistas, los artistas, los productores, etc. Todos ellos dependen de un salario que es millonario en algunos casos. Ellos no son los únicos ricos ni siquiera los más ricos de mundo, pero deben de seguir trabajando hasta morir para continuar con su nivel de vida. De ellos los más inteligentes invierten en otros negocios para lograr más ganancias, asegurar un retiro mejor y dar como herencia a sus hijos.

Nosotros no le decimos a nadie que va a ser rico fácilmente, ni en uno ni en dos ni en cinco años. Eso solo depende de su trabajo, su visión, sus metas y su inversión. Solo podemos aconsejarle que comience a sembrar desde ahora para su futuro y el de su familia. No es el hecho de ser rico, sino libre financieramente. Ya sea que usted prefiera seguir siendo empleado de una empresa, o que siga siendo dueño de su pequeño negocio doméstico, o invertir y hacer negocios online (por medio de las redes de mercadeo), no está de más, pues todo el mundo necesita ganar dinero extra.

LIBERTAD FINANCIERA

Libertad financiera es poseer activos que generen ganancias, sin necesidad de depender de un salario ni de un horario de trabajo. Es ganar dinero sin esfuerzos. La persona libre financieramente no trabaja para enriquecer a otro. Es libre de su tiempo y de su vida. Puede pasar más tiempo con sus familiares y amigos, aprender más, viajar y conocer más.

No es necesario tener mucho dinero ni ser rico para ser libre financieramente, solo es necesario poseer los activos que le generen dinero o construir redes de mercadeo para ganar ingresos residuales basados en el sistema de apalancamiento, o sea, no depender de tu propio esfuerzo solamente sino en el de otros.

La diferencia de los ricos y los pobres es simplemente que los Ricos compran Activos y los Pobres compran Pasivos. Los ricos invierten, los pobres compran.

¿Qué son activos y pasivos?

En finanzas el concepto de activo es todo aquel dinero que entra a tu bolsillo, tu cartera o cuenta bancaria, como, por ejemplo, inversiones en el Mercado Inmobiliario o Bienes Raíces, Mercado de Valores y Mercado Intercambiario.

Pasivos es todo aquel dinero que sale de tu bolsillo, como Muebles, Ropas, Casa, Carro, etc.

Aunque los ricos también poseen todas estas cosas, grandes mansiones, carros lujosos y cosas caras, la diferencia es que los ricos poseen activos para comprar pasivos, o sea, que ganan más de lo que gastan, mientras que el pobre no, pues no conoce estos términos y conceptos de finanzas. Por eso nosotros queremos enseñarles que hacer con su dinero.

Nadie se ha hecho rico trabajando solo, siempre necesita de otros. En estos negocios las relaciones son muy importantes para lograr el éxito y la libertad financiera. Los ricos no nacen ricos, aprenden a serlo. Las personas más ricas del mundo no nacieron ricas ni recibieron herencia, aunque si hay muchos así.

Otro concepto de Libertad Financiera:

• Trabajar porque queremos no porque necesitamos o estamos obligados.
• No depender de un trabajo
• Utilizar nuestro tiempo para nosotros, nuestra familia y criar nuestros hijos.
• Crecer ilimitadamente.
• Realizar nuestros sueños
• Enseñar a otros.

La Libertad Financiera nos da:

1. Libertad de Tiempo, para hacer lo que queremos y disfrutarlo con la familia y amigos.

2. Libertad de Movimiento, para estar donde quieras y cuando quieras. ¿De qué sirve ganar mucho dinero sino puedes disfrutarlo?

3. Libertad de Decisión. Tus ingresos no dependen de otros sino de ti y tú decides lo que es mejor para ti.

Una alternativa de ingresos extras y de modo de vida actualmente que crece cada día es a través de negocios modernos en Network Marketing, también conocido como Internet Marketing, Mercado en Red o Consumo Mercantil, y este nada tiene que ver con pirámides o sistema Ponzi (como realmente se le llama). Le aclaro que esas pirámides son ilegales ya que recogen dinero de asociados y pagan a los primeros del dinero que va entrando de cada persona. Todo el dinero va para alguien quien da solo un porciento pequeño a los participantes, dejando a los últimos sin pagar y perdiendo ellos su inversión. Siempre los de arriba o los de adelante ganan más que los últimos. No venden ni dan ningún servicio ni invierten su dinero, solo recogen dinero de los participantes.

¿Cómo identificamos un sistema Ponzi?

Cuando no existen productos y servicios. Aunque muchos productos que se venden en línea y por el mercado multinivel son sensacionalistas o exageradamente buenos, y algunos servicios no son reales, debe de cuidarse analizando con quien hace negocios a través del Better Business Bureau o Buro de Buenas Prácticas Comerciales (bbb.org).

4 VS 40

EL 99 % de las personas se encuentran haciendo el Plan A.

Normalmente una persona comienza a trabajar a los 25 años de edad y se retira a los 65 para un total de 40 años trabajados. Algunos comienzan a trabajar antes.

Según las estadísticas, 31 de cada 100 personas mueren antes de retirarse y la mayoría de estas muertes son a causas de problemas cardiovasculares y de infartos. Estos problemas y enfermedades del corazón lo traen consigo el estrés, que es originado precisamente de este modo de vida. Trabajas y trabajas, cada año más responsabilidades, más cuentas por pagar, más deudas, la familia aumenta y los dolores de cabeza y el estrés aumentan.

68 % o 68 de 100 personas se retiran de una de estas tres formas, y así quedan hasta que mueren:

1. Dependen del gobierno, que, a su vez, este depende de los contribuyentes, o sea, todos los que trabajamos.
2. Dependen de un familiar.
3. Tienen que continuar trabajando después de su retiro, porque no quieren depender de nadie.

Solo 1 de cada 100 logra retirarse cómodamente. Tienen buenos retiros, dinero ahorrado, propiedades y pueden comprar lo que necesitan al contado.

A este Plan A es lo que se le llama LA ESCLAVITUD MODERNA. Hacer lo mismo siempre y esperar resultados diferentes es una locura. Este plan A definitivamente NO FUNCIONA, nunca funciono y no funcionara jamás. Décadas tras décadas la gente ha estado viviendo en el plan A sin mejores resultados.

Pero la buena noticia es que hay un Plan B, que pocos conocen o conocen, pero prefieren seguir en el Plan A porque están mal enseñados, mal entrenados, mal informados o no quieren cambiar su estilo de vida, aunque les cueste la vida.

El Plan B es para cualquier persona sin necesidad de títulos, estudios académicos, ni necesidad de invertir dinero, de cualquier edad y estado social.

El Plan B es ganancia residual que va originando a través de las ventas directas independientes en la Industria del Bienestar (en el mejor de los casos, o sea, más seguro). Es la industria de mayor crecimiento económico, la que actualmente se le destina un aproximado de un trillón de dólares al año, y es la industria que controlara la economía de Los Estados Unidos en los próximos años. No necesariamente usted tiene que pasar automáticamente del plan A al Plan B, usted puede ir pasando poco a poco. Y ahora le explico cómo:

Si usted matricula 1 cliente por mes a la Compañía de Bienestar (la que más recomiendo en este caso) la cual comparte sus ganancias con sus clientes y socios, y que venden mejores productos, más saludables y de mejor precio que las tiendas convencionales y los supermercados, porque invierten más en la calidad del producto que en publicidad, la cual no necesita, entonces usted al año tendrá un grupo de 12 personas beneficiándose de esos productos y produciéndole un cheque de ingreso residual a usted de unos $120 mensuales para comenzar.

Por supuesto que nadie se puede retirar con $120 mensuales, pero es solo el comienzo.

Si usted sigue buscando un cliente mensual a la compañía, por dos años, entonces al cabo de los dos años usted tendrá un ingreso residual de aproximadamente $500 mensuales, que tampoco es mucho, pero eso es incluso más que algunas personas que trabajan por 20, 30 o 40 años. Ningún trabajo que usted haga sea medio tiempo (part-time) o tiempo completo (full-time), usted se podrá retirar en dos años, ni en 5, ni en 10 con un retiro así.

Si usted sigue buscando un cliente mensual por 3 años seguidos, usted tendrá al cabo de los 3 años, un ingreso residual de unos $5000 por mes.

En el cuarto año usted puede estar generando ingresos de más de $50 000 mensuales. A esto es lo que llamamos "4 vs 40"

Eso es solo si usted habla con algunas personas y logra matricular una persona por mes, pero si usted se traza una meta mayor, imagínese entonces que, en lugar de un cliente mensual, consiga dos, esa cantidad de ingreso residual se multiplica lo que significa que ganara más en menos tiempo. Imagínese que en lugar de dos sean cuatro clientes. Usted puede construir el negocio más próspero del mundo, el mejor negocio que haya podido hacer en su vida, por solo empezar a trabajar unas horas a la semana o al mes, buscando un cliente mensual al menos.

Si su meta es mayor, mayor debe ser el reto y el tiempo que le dedique. Si usted quiere que este negocio sea a corto plazo, usted puede lograrlo. Todo lo que tiene que hacer usted y todas las personas que usted hable y usted consiga es cambiar de tienda. No se necesita invertir nada ni gastar nada, lo único que se necesita es seguir haciendo lo mismo que hace, pero en el sitio adecuado. ¿En qué tienda o supermercado a usted le pagan por conseguir clientes? Eso solo lo lograra en la industria del bienestar y con una sola empresa. ¿En qué tienda usted se beneficia por comprar cada mes? ¿En qué tienda va a obtener productos saludables y de mejor calidad? Solo en la industria del bienestar.

Usted paga más del doble de lo que cuesta el producto, cuando lo compra en la tienda, sin embargo, en la industria del bienestar no es necesario porque la publicidad somos los mismos clientes, y ese dinero se comparte entre todos los que participamos y compramos. El dinero circula entre nosotros mismos.

¿Se da cuenta del beneficio?

Lo mejor de todo es que esto lo puede hacer cualquier persona y es para cualquier cliente porque todo el mundo se lava la boca, lava las ropas, lava los platos, limpia la casa, usa medicamentos, cremas, etc. Como quiera que sea vamos a seguir haciendo eso todos los días, pero podemos beneficiarnos haciéndolo, lo cual es mucho mejor. Cinco líneas de productos básicos de uso diario.

Usted tomará la decisión de continuar en el Plan A toda su vida o de combinar el Plan A con el Plan B, con la intención de que un día usted ya no dependerá del Plan A, sino que podrá vivir tranquilamente en el Plan B.

Siempre se necesita un plan B, especialmente con esta economía en decadencia. El plan A es para asegurar los biles o cuentas que debemos pagar, el plan B es para asegurar que seguirás ganando, aunque el plan A no funcione o se acabe, y para crear un futuro sólido y un patrimonio.

Si solo tienes un plan A, trabajando para otro, lo más probable es que tengas que trabajar hasta morirte porque con el retiro no te va a alcanzar, ni vas a crear un patrimonio. Y lo más triste es que hayas perdido el tiempo pudiendo hacer algo. Cambia tu mente si quieres lograr el éxito financiero, todo empieza en la mente. Infórmate y toma acción mientras puedas.

Claro que como dije antes, todo negocio que de ganancias es buen negocio, y La compañía del Bienestar no es la única, pero es la que, siempre recomiendo, por su historial de más de 30 años impecable, comprobable en el bbb.org, con un A plus, con precios para las familias promedios, mejores productos, más eficaces, más saludables y a precio de Walmart. Productos básicos de uso diario personal y para el hogar.

Pero recuerde que es bueno diversificar, o sea, invertir en otras cosas, sin necesidad de comprar o alquilar un local, porque necesitarías un buen capital. Como puede ser la bolsa de valores, comenzando con $1000, los bienes raíces a través de Traders. Depende con cuanto quieres empezar, creo que $1000 es un dinero que cualquiera puede reunir para empezar en este mundo de inversiones o negocios por internet.

Sería conveniente usar la fórmula 60-20-20 para manejar tus ingresos. Esto quiere decir que usaras el 60 % de tus ingresos para pagar tus cuentas y deudas, el 20 % para tu uso personal o familiar y el 20 % para ahorrar e invertir. Claro que muchas personas viven al día y no se pueden dar el lujo de invertir ni siquiera ahorrar, pero les puedo sugerir la fórmula que yo use:

Siendo padre de familia, casado, con dos hijos y con un ingreso de $600 a la semana en Estados Unidos, para el 2015, en muchas semanas menos de esto debido a que tuve una lesión en mi espalda desde el 2012 cuando trabajaba de mantenimiento en un complejo de apartamento donde debía cargar refrigeradores, estufas y muebles pesados casi todos los días.

Por lo que a partir de entonces no podía ni cumplir 40 horas semanales producto del dolor y hasta imposibilidad a veces de moverme. Por lo que mis ingresos bajaron considerablemente. ¡Imagínese, si $600 no me era suficiente para mantener una familia de 4, con menos, como sería!

Pues, aun así, comencé a usar la fórmula 60-20-20 porque me di cuenta de que ya mi vida no iba a ser igual, debido a que esas lesiones en la columna vertebral eran permanentes. Sufriendo de hernias discales y ciática que con el tiempo iba empeorando, mientras más esfuerzo físico hacía, más le daba a la herida, que no dejaba cicatrizar (hablando en sentido figurado), o sea, empeoraba mi condición. Además, de que aun incluso de que tuviera esa lesión, ya estaba haciendo negocios por internet como plan B, como alternativa y para incrementar mis ingresos mensuales y llegar a alcanzar la libertad financiera antes de mi retiro.

Como hice entonces para usar esta fórmula viviendo yo al día y sustentando una familia de 4, pues en este caso, para eso existe el "Crédito", el cual sirve no para darse lujos innecesarios y comprar más pasivos, sino para casos de emergencia y para préstamos de negocio, si es que tu récord de crédito esta bueno y has pagado tus cuentas a tiempo.

Use el crédito para pagar algunos billes o cuentas y mis ingresos para invertir y diversificar.

En estos momentos disfruto la libertad financiera, tengo negocios propios no convencionales donde hago ingresos lineales y residuales, como una Editorial, produciendo libros para otros, además de vender los míos; ventas por Ebay; cursos para preparar profesionales u oficio; talleres de entrenamientos y conferencias; ventas directas a través de la Compañía del Bienestar desde el 2011. Y estoy abierto a todo negocio siempre analizando y usando la lógica. Si son productos o servicios, deben ser para uso de todo el mundo, no para ciertas personas, a precios razonables para las personas promedio, investigando siempre el historial de la empresa. Si son inversiones, trato de no arriesgar mucho ni por mucho tiempo, investigando también la empresa, Trader o Broker, pues hay muchos que estafan a la gente ofreciendo lo que no van a pagar ni a cumplir, así como hacen los políticos. Para más información, puede contactarme a *mbpcsales@usa.com* y le actualizo con algún negocio lucrativo y seguro; con poca inversión o puede comprar mi libro con videos en dvd "Sé libre financieramente desde hoy" en venta por Ebay o en www.librosenventa.webs.com.

LA INDUSTRIA DEL BIENESTAR

¿Cuánto pagaría por ver el futuro?

¿Si viera el futuro lo aprovecharía? O sería ¿otra oportunidad perdida? El dinero que debió invertir, la propiedad que debió comprar, la oportunidad que debió haber tomado y dejo pasar. ¿Cuántas oportunidades más se le van a presentar? Esta podría ser su última oportunidad.

Preste atención, "Cada década nos trae algo grande." En los 70`s fue las microondas, en los 80 la video casetera, en los 90 la computadora y el Internet. Las personas que estaban preparadas en los 80`s se convirtieron en millonarios, las que estaban preparadas en los 90`s se convirtieron en multi-millonarios. "¿Qué cree usted que va a pasar en los próximos años?"

En su libro de mayor venta, El Próximo Trillón, el notable economista Paúl Zane Pilszer dice que para el año 2010, mil billones de dólares adicionales anualmente de la economía de EE. UU. serán destinados a la industria del bienestar, llevando a las personas saludables, productos para hacerlos aún más saludables, lucir mejor y disminuir los efectos del envejecimiento o para prevenir el desarrollo de enfermedades. Piénselo, la mayoría de las ventas de la industria del bienestar ni existían hace un par de décadas. Hoy las mismas alcanzan un total aproximadamente de 200,000 millones de dólares de ventas anuales, ó sea, la mitad de las ventas de automóviles en los EE. UU.

Hoy, 200 mil millones de dólares al año, para el 2010 un trillón de dólares, o sea, un millón de millones de dólares anuales. Para aquellos que no son aficionados a las matemáticas, esto es equivalente a un 500% de crecimiento ¿Cómo es posible esta clase de crecimiento?

¿Cómo se puede predecir esta clase de crecimiento?

Dos palabras: Baby Boomers, usted a escuchado hablar de ellos los pasados 20 años, ellos han estado dirigiendo la economía por 20 años. ¿No cree que es hora de que usted se incluya?, los Baby Boomers tienen ahora de 37 a 55 años, tienen años generando buenos ingresos, más dinero, más poder adquisitivo. Los llamados Baby Boomers son responsables del incremento a la vivienda, los nuevos modelos de carros, la computadora personal y el Internet, en si los Baby Boomers y las cosas que más les agradan representan 5,000 billones de los 10,000 billones de dólares de la economía americana. A pesar de que únicamente son un 30% de nuestra población, representan el 50% del producto interno bruto. Mas significativamente aun, están a punto de añadir 1,000 billones a los 5,000 billones de gastos anuales para preservar una de las cosas que confían será mejor que cualquier carro nuevo, casa o computadora... su juventud.

Juventud... Antienvejecimiento... Salud... BIENESTAR.

La Próxima Gran Revolución

En los próximos 10 años, lo llamados Baby Boomers estadounidenses, aumentarán sus gastos anuales en servicios de bienestar de aproximadamente 200 mil millones de dólares a 1000 billones de dólares. 1,000 billones de dólares, o sea 2,700 millones de dólares diarios, 114 millones de dólares por hora, 1.9 millones por minuto.

Usted tiene 4 opciones:

1. Como un Profesional
2. Como Fabricante
3. Como Minorista o
4. Como Distribuidor

1-Profesionales como Doctores, masajistas terapeutas, quiroprácticos y naturopáticos, podrían hacer una fortuna en los próximos años; si logran pagar sus préstamos universitarios, si son responsables dentro de sus negocios, si siguen cambiando tiempo por dinero.

2-El ser fabricante es un gran negocio, si usted tiene millones para invertir en infraestructura, patentes, investigación, recibo y embarque.

3-Minorista? Claro que es una gran oportunidad, si usted puede pagar el costo de la franquicia, semana de 7 días de trabajo, publicidad, inventarios y problemas de empleados.

4-Distribución? Bueno, las fortunas personales más grandes en las tres últimas décadas fueron hechas por personas que hallaron mejores métodos para distribuir las cosas en vez de mejores maneras de hacer las cosas. Gentes como "Sam Walton de Wal-Mart, Frederick W. Smith de Federal Express (FedEx) y Jeff Bezos de Amazon.com" ¿qué tiene en común?... Todos son o eran "DISTRIBUIDORES".

Pero ¿dónde hallaron mejores métodos para distribuir físicamente sus productos que los consumidores ya sabían que deseaban?, los nuevos multimillonarios del siglo XXI están haciendo sus fortunas educando a los consumidores de nuevos productos y nuevos canales de distribución. Se le conoce como "Negocios a la velocidad del pensamiento", mejores productos, mejor distribución, mejor oportunidad. ¿Por qué? porque 78 millones de Baby Boomers con 1000 billones de dólares en efectivo, no pueden ser ignorados. Ellos quieren patinar, manejar autos deportivos, no quieren envejecer y están dispuestos a gastar cualquier cosa para mantenerse jóvenes, saludables y llenos de vitalidad.

En los próximos 10 años, los Baby Boomers estadounidenses aumentarán sus gastos en servicios básicos de bienestar de aproximadamente 200 mil millones de dólares a un trillón de dólares anuales. ¿Estará usted listo?

Un modelo que usted puede iniciar a medio tiempo desde su hogar, sin invertir un gran capital, sin empleados y sin el tradicional dolor de cabeza de ser propietario. Un negocio en su tiempo libre donde podría ganar desde $ 500 extras, hasta miles al mes o más.

Además de que, como DISTRIBUIDOR INDEPENDIENTE, trabajando desde su hogar podría obtener increíbles beneficios fiscales.

Imagínese que es 1980 y Bill Gates está buscando inversionistas, él piensa que va a tener lugar una gran expansión de computadoras personales, ¿qué va a hacer usted esta vez?

Recuerde que Sam Walton inició Walt Mart a los 44 años, a los 61 era el hombre más rico del mundo.

¿Cuál es su excusa?

Una cosa es cierta, si usted analizó este escrito y captó solo una décima parte no puede decir que no sabía. Cuando sus hijos y sus nietos le pregunten acerca de la gran prosperidad a inicios del 2000. ¿Qué les va a decir? ¿Les explicará cómo se benefició de la oportunidad? ¿O tratará de justificarse de haberla perdido?

Las estadísticas son reales, las tendencias son reales, el momento oportuno es real.

¿Cuántas oportunidades más cree que le van a llegar? Lo que sea que haga, no se pierda esta.

"Los negocios con tacto suficiente para determinar lo que los Baby Boomers quieren, aprovecharán una ola de consumidores de productos y servicios que darán de qué hablar por mucho tiempo".

NETWORK MARKETING

_ Tiene más de 80 años de trayectoria.

_ Un crecimiento anual de 25 al 30 %

_ Actualmente participan más de 60 millones de personas en el Mundo.

_ Produce más de 500 000 millones de dólares al año.

_ Se estima que ya para el 2014 el 50 % de todas las ventas de productos y servicios se harán por este canal.

_ Las empresas que lo usan, están creciendo 4 veces más que las empresas tradicionales.

_ En estos negocios no necesitas jefes, ni empleados ni inventarios, ni cuentas por cobrar, ni horarios, ni grandes inversiones.

_ Es el negocio del futuro. ¿Qué esperas?

¿Qué pasa con la economía mundial?

La Globalización es inminente. Los ricos son cada vez más ricos y cada vez hay más pobres. En el último libro de Robert Kiyosaki y Donald Trump "Queremos que seas rico" exponen a detalle como la clase media está desapareciendo y exponen la importancia de prepararnos en esta nueva Era. Existe una caída inevitable en la calidad de vida y de forma gradual vemos como económicamente la clase media es principalmente la más afectada.

¿Por qué está desapareciendo la clase media?

Estamos enterados de la alarmante caída de empleos y la crisis derivada de esta. Hoy en la industria ya no quieren contratar plazas fijas, por lo que tienden a subcontratar empresas que le brinde el mismo servicio a menor costo. Los grandes consorcios en India, Filipinas, Malasia, están absorbiendo la mayoría del mercado.

¿Qué pasa con las fusiones que están muy de modas?

Tras la unificación de dos o más empresas, ¿qué es lo primero que recortan? O las mencionadas Reingenierías que son cada vez más comunes, que no es otra cosa que evaluar y simplificar el trabajo en menos personal. ¿Y las automatizaciones? La tecnología suple más empleos.

¿Cuántas empresas no se han ido a la quiebra por la penetración de los productos de China, Taiwán, Corea, Tailandia y Singapur en nuestros mercados?

Hoy en día solo el 20 % de los egresados de las Universidades encuentran trabajo y los sueldos en su mayoría no les permiten ni siquiera recuperar los gastos de su colegiatura. Es por eso que el experto de negocios Robert Kiyosaki dice "El consejo más peligroso que le puedes dar a un joven es, ve a la escuela, saca buenas calificaciones y busca un empleo seguro".

Sumando todos estos elementos entendemos por qué la clase media tiene a desaparecer, pues son cada vez más personas que se enfrentan a esta situación.

No sea una víctima más de estas tendencias.

¿En dónde quieres estar en los próximos 2 a 5 años?

La definición de la locura es hacer lo mismo, lo mismo y lo mismo y esperar resultados diferentes. Si queremos cambiar tenemos que pensar y actuar diferente.

Los Pobres trabajan, los Ricos arman redes. El pobre dice "Ve a la escuela, saca buenas calificaciones, consigue un empleo bien pagado y asegura tu futuro". El rico dice "Estudia duro y conviértete en un inversionista exitoso".

La clave de la Fortuna está en el Apalancamiento.

Ingresos Lineales: En un trabajo tradicional dependes el 100 % del esfuerzo propio. Si trabajas 50 horas por semana por 50 semanas por año, son 2500 horas que en 40 años acumulan 100 000 horas de productividad por las que somos recompensados.

Trabajo en Red: Ya no dependes solo del esfuerzo propio, se apalanca del esfuerzo de otros. Si tuviera 100 personas en su red trabajando 10 horas por semanas, acumula 1000 horas por semana, que en 100 semanas representan las mismas 100 mil horas de productividad.

Bajo este modelo de negocios puede dedicarse dos años de trabajo serio y acumular lo que otros se tardan 40 años.

¿Eso le parece justo? Lo que no es justo es que existiendo este modelo de negocios existan personas que se quejen de la crisis. Por eso dicen que las riquezas no es un misterio, es una formula. Este modelo le permitirá eventualmente retirarse financieramente exitoso y dejar de hacer las cosas por necesidad.

Bill Gates creó una de las empresas más exitosas, él tuvo el poder de una visión, por eso se dice que, si todos tuvieran visión, todos serían ricos. Pero muchas personas que reciben esta información no ven la oportunidad, ya que no todo el mundo tiene esa virtud de detectar las oportunidades cuando se presentan.

El éxito en los negocios se logra detectando hacia donde se dirige el mundo y llegando ahí primero.

La tecnología no pide permiso. ¿Le preguntaron a usted si quería cambiar de VHS a DVD? Le invitamos a que se beneficie de esta mega tendencia.

En el mundo existen 3 tipos de personas:

1. Los ahora
2. Los luego
3. Los nunca

Desventajas de los Negocios Propios Tradicionales:

Un negocio exitoso es el que puede generar un mínimo de 8 % sobre las ventas, luego del pago de utilidades, salarios y el impuesto.

¿Cuáles son las desventajas de los negocios Propios Tradicionales?

1. Existe un alto riesgo. Las estadísticas muestran que más del 90 % de los nuevos negocios cierran antes de los 3 años.
2. Tendremos gastos fijos como alquileres, personal, etc., que tenemos que soportar hasta que el negocio camine.
3. Tendremos que dar crédito a nuestros clientes para que entre al mercado con el riesgo de capital inmovilizado.
4. Tendremos seguro deudas cuando comencemos por crédito de proveedores.
5. Tendremos que arriesgar el mantener inventarios que no estaremos seguro de que rotaran siempre adecuadamente.
6. Estaremos expuestos a robos y mermas.
7. Todo nuestro capital invertido estará inmóvil en el negocio, si queremos recuperarlo tendríamos que vender la empresa, si es que hay alguien dispuesto a pagarnos lo que hemos invertido en tiempo y dinero.
8. Habrá competencia para sacarnos del mercado lo antes posible, antes de que crezcamos y nos quedemos con sus clientes.
9. Nuestros beneficios estarán de acuerdo a nuestra inversión y conocimiento del negocio.
10. Tendremos que contratar personal y controlar su trabajo y horarios.
11. El Estado será nuestro socio obligatorio para cobrarnos los impuestos no importe como nos vaya, y no nos va a esperar.
12. Posiblemente tendremos que contratar abogados y contadores, y los bancos, que será otro socio que probablemente ganará más que nosotros.
13. Tendremos que dedicarle mucho tiempo para llevarlo adelante, haciéndonos esclavos de este y sacrificando mucho.

VENTAS DIRECTAS

El negocio del siglo XXI al cual la revista Forges lo llamó "El fenómeno de las ventas directas"

Ha crecido constantemente durante los últimos 20 años y ha dado un salto arriba del 91 % en los últimos 10 años. Hoy en día sus ventas anuales se traducen en más de 3 billones de dólares en los Estados Unidos y en 100 billones de dólares en el mundo entero. Es un negocio hecho a prueba de cualquier recesión. Cada semana más de 180 mil personas en Los Estados Unidos y más de 300 mil alrededores del mundo se unen a esta gran empresa, y menos del 1 % de la población mundial participa hasta ahora. Esto es una mínima fracción de su potencial de crecimiento.

El inversionista millonario Warren Buffet lo llamó "La mejor inversión que pude haber hecho". Más de 13 millones de norteamericanos y 60 millones de personas en el mundo participan en este (año 2010).

En la actualidad nos encontramos viviendo un cambio económico masivo en el mundo entero. Día a día son cada vez más personas que están perdiendo sus empleos, empresas y más aceleradamente que nunca. La buena noticia es que nuevas y mejores oportunidades se están abriendo más rápido que nunca. Las personas que reconocen las nuevas tendencias y que lo arriesgan todo en estas nuevas industrias son las que ganarán enormemente.

La revista Forges sugiere, "Olvídese del cheque semanal o quincenal, se acabarán los días del formulario de impuestos W-2, estamos en el mundo de las fórmulas 1099.

¿Cómo funcionan?

Las ventas directas en la actualidad se basan en un simple hecho de la naturaleza humana. Cada ejecutivo de publicidad y director de Hollywood sabe muy bien que nada vende mejor un producto o servicio que la recomendación de boca en boca de un amigo. No importa cuántos millones de dólares una película de cine gaste en publicidad, la película nace o muere por la recomendación hecha el primer fin de semana que se exhibe en taquilla. Lo que algunos llaman la mercadotecnia oral es el poder personal, la fuerza tras el éxito fenomenal de las ventas directas.

En vez de emplear un equipo de ventas directas por separado, las compañías de ventas directas recompensan a la gente que utilizan, aprecian o recomiendan con entusiasmo el producto o servicio.

Actualmente los distribuidores de ventas directas, o sea, los representantes asociados o dueños de negocios independientes, le informan a la gente, generalmente a la gente que conocen, acerca de los productos y servicios que pueden mejorar la calidad de sus vidas. Estas conversaciones personales pueden llevarse a cabo en casa, en el trabajo, en una cafetería o en cualquier lugar.

Muy seguido ocurren por teléfono, y cada día más por internet. Hoy en día más del 80 % de las compañías que se dedican a las ventas directas, usan un plan que recompensan los esfuerzos.

Esto significa que los distribuidores son premiados por sus ventas y por la gente que han invitado a formar parte de su equipo. En otras palabras, la estructura de recompensas aumenta tu poder de ganancias haciéndola lucrativa para construir, entrenar y manejar la organización.

La mayoría de los vendedores manejan su negocio desde la casa y lo combinan con otro trabajo convencional, se ahorran los gastos de oficina, licencias y gastos de nómina. Esta es una manera muy práctica para iniciar tu propio negocio.

¿Por qué le funciona tan bien a tanta gente?

La gente confía en recomendaciones personales. Vivimos en la era de la información, por lo que constantemente estamos siendo bombardeados por los medios, desde los comerciales de televisión, avisos publicitarios por internet, publicidad en revistas, testimoniales y productos que nos saltan a la vista en todo momento. Simplemente, ya no confiamos en esos mensajes. En lo que si confiamos es en nuestros amigos, en su palabra, en sus recomendaciones y es aquí donde radica el poder de las ventas directas.

Las ventas directas son el negocio perfecto para la economía actual. Cuando se trata de vender, lo que funciona es comunicar mensajes personales, mensajes que la gente aprecia y considera importantes. Los vendedores de ventas directas tienen la mejor disposición de hacerlo.

El auge de los negocios desde casa

Hay muchas compañías que están reduciendo su capacidad, que prefieren hacer negocios virtuales o conducirlos en zonas libres de impuestos, llevándose los trabajos para allá.

Uno de cada 8 hogares en Estados Unidos, hace negocios desde casa. La visión de tener un trabajo en Estados Unidos ha cambiado, se acabó el plan de jubilación a 40 años. Hace 30 años, el camino más seguro para lograr éxito financiero era ir a la universidad, conseguir un buen empleo y trabajar arduamente. Abrir un negocio por tu propia cuenta era riesgoso, hoy en día sucede lo contrario.

En la economía ya no habrá más trabajo sino solo negocios, todos nos convertiremos en empresarios, manejaremos nuestros propios negocios, tomaremos nuestras propias decisiones y esto significa que podrás trabajar desde casa.

Una de las razones más poderosas del éxito de las ventas directas es que la gente aprecia los beneficios que obtiene al trabajar por su cuenta y disfruta de la libertad de planear su propia prosperidad. Ya no hay que manejar a ningún lado, se acabó el jefe, tú eliges cuando trabajar, como trabajar y con quien trabajar. Lo mejor de todo es que ya no tienes que elegir entre compartir con tu familia o dedicarte a tu trabajo, hoy en día, el internet lo facilita todo. Siendo vendedor, podrás expandir tu negocio a Chicago, San Francisco, Hong Kong, Londres o donde sea y te sobrará el tiempo.

Una baja inversión y bajos riesgos generan altos réditos y ganancias

Es muy fácil empezar a vender, el método es práctico y accesible para millones de personas, ya que les permite generar un ingreso adicional sin tener que dejar su otro trabajo. Una compañía típica de ventas directas te da todas las herramientas, sistemas de entrenamiento necesario para echar a andar tu negocio y obtener ganancias de inmediato. Esto, con un mínimo de inversión inicial.

Lo bello de las ventas directas es que ellas trabajan para ti, no hay un horario, no tienes que crear un plan de negocios, ni crear un producto. Lo único que tienes que encontrar es una compañía conocida que puedas confiar y que te ofrece un producto o servicio en el que realmente creas.

Las ventas directas te dan la oportunidad de ganar un dinero extra para que puedas comprar tu libertad. Para muchos, ese poquito extra de dinero, acaba por ser una gran cantidad de dinero. Mas del 80 % de los vendedores que se dedican a las ventas con el fin de obtener un ingreso adicional trabajan medio tiempo. Muchos de ellos se han vuelto ricos.

Las ventas directas ofrecen la oportunidad de construir y generar tus propias ganancias y hacerte de una gran fortuna con poco riesgo y poco compromiso económico.

El acceso a los mercados nacionales e internacionales

Se acabaron los días en que la gente vendía en sus comunidades. Hoy por hoy, una combinación de crecimiento de otros países, nacientes mercados industriales y las flexibilidades de las reglas del comercio hacen posibles que más compañías de ventas directas puedan expandir mundialmente, esta es la mejor de las noticias para ti. El internet te da las herramientas necesarias para aprovechar esta explosiva tendencia mundialmente.

Hoy en día, la combinación de crecimiento global, los mercados industriales emergentes y las reglas flexibles del comercio hacen posible que muchas compañías de ventas crezcan alrededor del mundo. Tú puedes manejar un imperio nacional e incluso global desde tu casa. Hacer que tus negocios se expandan de costa a costa en cualquier ciudad del mundo.

Ventajas sobre impuestos

Una de las razones más poderosas de trabajar en una compañía era tener una pensión y una buena cobertura de gastos médicos, pero ya no es así. Ha habido cambios recientes en Los Estados Unidos y el mundo respecto a las leyes de impuestos, dándoles a los que trabajan por su cuenta, la posibilidad de disfrutar igualmente de ahorros por impuestos diferidos, los mismos beneficios que obtendría trabajando en una empresa, a través de innovaciones como el plan One person for 1K, SEPIRA y las cuentas de ahorros para la salud. El congreso finalmente ha creado un campo de acción para empresarios. Este cambio ahora hace posible que pueda acumular millones de dólares y flujo de dinero en efectivo desde tu negocio en casa, de maneras que antes no tuviste a tu alcance.

Tener un negocio en casa te permite reclamar deducciones sustanciales de impuestos, como ciertos gastos de oficinas, tu casa, en una porción de la renta o hipoteca, gastos de viajes, resultando en grandes ahorros para tus impuestos.

Ingresos residuales

Desde el sueldo mínimo que gasta una cajera en un restaurant de comida rápida hasta el que gana el abogado o contador más cotizado, intercambiar tiempo por dinero es un torbellino que no conduce a nada, porque el día que dejes de trabajar, dejas de ganar. Si trabajar por un sueldo no te garantiza libertad económica, ¿Cómo puedes obtenerla? Hay una respuesta. Con los ingresos residuales, el dinero que seguirá entrando mucho después de que terminaste el trabajo que lo generó. Cualquiera que fueran las fuentes los ingresos residuales son lo esencial de las ventad directas. Precisamente lo genial del modelo de las ventas directas es que ayuda a que los ingresos residuales sean una posibilidad viable para toda la gente, no importa la edad, el origen, la educación o las habilidades de cada persona.

No todo el mundo puede ser dueño de una propiedad o ser famoso por haber escrito un Best Seller, sin embargo, todo el mundo puede entrar a las ventas directas.

Las ventas directas le dan la oportunidad a todo el mundo

Las ventas directas representan la forma más pura de la igualdad de oportunidades a través del mercado libre, de hecho, uno de los factores más importantes de esta industria es que pueden participar hombres y mujeres de todos los estratos sociales, todas las edades, razas, grupos étnicos y económicos.

Más de la mitad de los éxitos de ventas directas han sido obtenidos por mujeres. Esta industria se ha disparado. En las ventas directas no hay discriminación por género, raza u otra razón. Los vendedores que más ganan representan un grupo heterogéneos de personas que han tenido mucho éxito. Según la asociación de ventas directas de Washington DC,

24 % de los vendedores salieron de High School, 35 % son graduados de la Universidad y uno de cada 12 tiene un postgrado.

Para tener éxitos en las ventas directas no tienes que tener antecedentes de vendedor, ni una personalidad especial. Los que sobresalen no siempre son los que tienen mejores habilidades. Lo importante es ofrecer un elemento especial que la gente no puede conseguir en ningún otro lado. Los grandes vendedores siempre tienen algo de valor que ofrecer, lo importante no es el valor del producto sino la emoción que despierta en el comprador.

Las ventas directas promueven valores éticos

Hoy en día no es suficiente ganarse la vida, lo importante es vivirla con pasión y sentido. Hoy más que nunca la gente desea prosperar, tener el estilo de vida que también contribuya el bienestar de los demás.

Conducirse con profesionalismo es un ejemplo para las organizaciones del futuro. Hay que tener un espíritu de libertad y trabajar en sociedad, no de control y propiedad. Los vendedores con más éxitos saben que la única manera de sobresalir es ayudando que otros logren el éxito.

Para muchos vendedores la satisfacción de que otros logren el éxito es una de las razones más importantes de por qué eligieron esta profesión.

Las ventas directas te ayudan a desarrollar habilidades básicas para la vida. Te entrenan para que las puedas poner en práctica en la vida diaria y no las teorías de los negocios que te enseñan en la escuela.

Las ventas directas ayudan a reafirmar el valor y potencial de las personas dando paso a un flujo de ingresos alternativos que pueden marcar una diferencia enorme en sus vidas. Es una oportunidad empresarial en las que podemos hacer uso de nuestro talento y pasión para lograr algo en la vida.

Somos partes del movimiento global que promueve el mercado libre y que premia la iniciativa individual. En un sentido, las ventas directas promueven valores importantes a nivel global.

¿Si las ventas directas son tan maravillosas por qué no hemos escuchado más al respecto?

Puede ser que no te hayas dado cuenta. Las compañías de ventas directas han sido parte de la vida norteamericana por más de un siglo. En un estudio reciente realizado por la Asociación de Ventas Directas se encontró que 3 de cada 4 americanos han comprado algo de un vendedor, al menos una vez en su vida.

Rogert Barnett especialista neoyorquino en inversiones y que hoy es dueño, presidente y senior de una compañía multinacional de ventas directas dijo: "Es el secreto mejor guardado del mundo de los negocios, en los últimos dos años todo esto ha cambiado y el secreto mejor guardado ya no es tan secreto"

Nuestro espíritu empresarial es una fuerza que atraerá a 200 millones de personas en la próxima década.

Barnett añade: "En los próximos 10 años esta industria contará con más crecimiento del que tuvo en los últimos 50 años".

¿Quién está participando?

El creciente éxito de las ventas directas ya mencionados en periódicos y revistas como Forges, Fortune, News Week, Time, USA Today, New York Times, The Wall Street Journey y la revista Success from Home. Una razón importante es el crecimiento y las cifras que van en aumento; la otra es los expertos mismos y las compañías Fortune 500 quienes se interesan en el éxito de esta industria fenomenal.

En el 2002 el experto e inversionista de la bolsa de valores Warren Buffet impresionó a Wall Street al comprar The Pampers Chef, una compañía de ventas directas. Buffet ahora es dueño de 3 compañías de ventas directas y ha dicho: "Es la mejor inversión que he hecho en mi vida". Warren Buffet no está solo, otros inversionistas importantes ven hacia el futuro y ansiosamente quieren participar de este negocio.

En su último libro best seller, The Next Millonaries, el profesor Paul Zane Pilzer predice que habrá 10 nuevos millonarios en los Estados Unidos en los próximos 10 años y que muchos de ellos participaran en los negocios de las ventas directas.

Tu éxito es producto de las recomendaciones que se hacen de boca en boca. Las relaciones interpersonales son claves para el auge de las empresas que operan desde la casa, requiere que inviertas poco y son de bajo riesgo, te ofrecen alta recompensas como el acceso a los mercados internacionales y ventajas importantes sobre tus impuestos y garantizan un trayecto de ingresos residuales. Las ventas directas están abiertas a todos, no importa la edad que tengas, tu estado económico, educación o experiencia, promueven valores sólidos y éticos que hoy más que nunca, la gente está ansiosa de tener.

Para 13 millones de norteamericanos y más de 55 millones de personas más en todo el mundo que ya participan, el negocio de las ventas directas está en pleno auge. (2010)

<u>¿Puedes darte el lujo de ignorar todo esto?</u>

Al paso que va esta industria, el secreto mejor guardado del mundo de los negocios ya no será un secreto. Ahora es el momento perfecto para que te unas a esta explosión empresarial. Aprovecha esta extraordinaria oportunidad, asegura tu futuro y establece tu negocio en casa. Cambia tus prioridades financieras para siempre, comienza tu propio negocio de ventas directas hoy mismo.

VALOR ADQUIRIDO

<u>¿Sabía que usted tiene una mina de oro en su hogar?</u>

Como aquí vemos en este ejemplo. Una botella de coca cola que tiene un precio minorista de $1, la más pequeña en este caso. Solo cuesta 37 centavos su fabricación. Y el resto es el valor adquirido, o sea, 63 centavos.

Valor Minorista: $ 1.00

Valor de Fabricacion: 0.37 centavos

Valor Adquirido: 0.63 centavos

En el caso que usted la compre en una tienda, ese valor adquirido va a parar al bolsillo de los comerciantes. En otras palabras, hemos pagado más del doble de su valor.

Ahora bien, este valor adquirido que se llevan los anunciantes y tiendas o supermercados le pertenece a usted, usted puede ganárselo.

¿Cómo? Buscando la vía correcta, comprarlo directamente a los fabricantes.

Todo lo que involucra dinero es un negocio, ya sea que usted venda o compre, está haciendo un negocio. ¿Cuál es el negocio tradicional que usted hace ahora? Es comprar en una tienda sus necesidades.

Modelo de Negocio Tradicional (Era Industrial) vs Ventas Directas al Consumidor (Era de la Información).
Hasta un 63% del precio de los productos de los súper mercados se gasta en publicidad e intermediarios.

Publicidad

Distribución Minorista
(Tienda de Preferencia)

$150 Promedio

Fabricante

Membresía Cliente Preferencial $29.00
-   Compras de $50 - $60 al mes.
-   Productos de Mejor Calidad.
-   Rebajas y Buenos Precios 30%-40%.
-   $100 Por Lealtad de Compra.
-   15% Descuento en más de 600 tiendas
    asociadas.
-   Ingresos Compartidos.
-   Sin Riesgo.

-63% Valor Adquirido
$150 • 37% = $55.50
$94.50

Las compras mensuales predecibles le permiten al Fabricante:
Reducir los costos operativos. Fabricar los productos de acuerdo con la demanda. Eliminar los gastos de almacenamiento.

Ya usted sabe que estamos en la segunda década del siglo 21 y eso no necesita recordárselo, pero seguimos haciendo las cosas como le segunda década del siglo 20, o sea, tenemos 100 años de atraso.

¿No será por eso que no avanzamos, que seguimos en las mismas?

Trabajando 40 años y más, retirarnos y tener que seguir trabajando hasta morirnos porque no nos alcanza y no podemos ni queremos depender de otros, ni del gobierno, porque no tenemos una pensión razonable.

Al comenzar el siglo 21 hemos entrado en la era de la información, y hemos dejado atrás la era industrial, pero aun seguimos dependiendo de ella. Eso puede cambiar si cambiamos la forma de hacer las cosas para ganar lo que nos pertenece y lo que realmente valemos.

Se estima que el hogar promedio en Estados Unidos gasta o consume $150 al mes en artículos básicos.

Como dijimos antes, 63 % de este consumo es para pagar publicidad e intermediarios, o sea, el costo real es $55 con 50 centavos y los comerciantes se llevan $94.50 de sus compras.

¿Qué tal si le doy la fórmula para ganarse este dinero? ¿Como hacemos? Bien sencillo:

La siguiente tabla, nos muestra que el gobierno calcula que hay unos 118 millones de hogares en EU.

Gastos en un Hogar en Estados Unidos

El gobierno calcula que hay 118 Millones de hogares en Estados Unidos

$133,812,000,000.00

Gastos Mensuales en los Mercados	12 Meses	37% Costo de Fabricación	63% Valor Adquirido	Bienes Comerciales Publicidad / Minorista	12 Meses
$70.00	$840.00	$25.90	$44.10	$44.10	$529.20
$100.00	$1,200.00	$37.00	$63.00	$63.00	$756.00
$150.00	$1,800.00	$55.50	$94.50	$94.50	$1,134.00
$200.00	$2,400.00	$74.00	$126.00	$126.00	$1,512.00
$250.00	$3,000.00	$92.50	$157.50	$157.50	$1,890.00
$300.00	$3,600.00	$111.00	$189.00	$189.00	$2,268.00
$350.00	$4,200.00	$129.50	$220.50	$220.50	$2,646.00
$400.00	$4,800.00	$148.00	$252.00	$252.00	$3,024.00
$450.00	$5,400.00	$166.50	$283.50	$283.50	$3,402.00
$500.00	$6,000.00	$185.00	$315.00	$315.00	$3,780.00
$550.00	$6,600.00	$203.50	$346.50	$346.50	$4,158.00
$600.00	$7,200.00	$222.00	$378.00	$378.00	$4,536.00
$650.00	$7,800.00	$240.50	$409.50	$409.50	$4,914.00
$700.00	$8,400.00	$259.00	$441.00	$441.00	$5,292.00
$750.00	$9,000.00	$277.50	$472.50	$472.50	$5,670.00
$800.00	$9,000.00	$296.00	$504.00	$504.00	$6,048.00
$850.00	$10,200.00	$314.50	$535.50	$535.50	$6,426.00
$900.00	$10,800.00	$333.00	$567.00	$567.00	$6,804.00
$950.00	$11,400.00	$351.50	$598.50	$598.50	$7,182.00
$1,000.00	$12,000.00	$370.00	$630.00	$630.00	$7,560.00

Solo el 7% de la población en Estados Unidos conoce de Melaleuca

A la izquierda tenemos unos gastos mensuales aproximados. Tomando como referencia el tercero, o sea, $150 en un mes, tenemos que gastamos un mínimo de $1800 al año, el costo de fabricación total fue de $55.50 en ese mes y el valor adquirido de esa compra fue $94.50, lo cual usted pago a la publicidad y al minorista. En un año les habrá pagado $1134. Si usted aprende a ganar ese dinero, usted por consiguiente no tendría que pagar por ningún artículo, porque todos le hubieran salido gratis.

Suena un poco loco esto, pero es solo porque usted lo desconoce. La idea es que usted aprenda este concepto, no pierda más su tiempo y comienza a ganar lo que le pertenece, asociándose a quienes le pagan.

Ingreso residual

A diferencia del ingreso lineal, en el cual cambiamos tiempo por dinero, cumplimos un horario y si faltamos o dejamos de trabajar también dejamos de producir, dejamos de ganar dinero, En el ingreso residual, hacemos un trabajo y seguimos ganando dinero por el mismo trabajo que ya hicimos. Por ejemplo, un cantante compone, graba su disco, lo producen y luego comienza a ganar dinero cada día por personas que compran su disco. Muchos de ellos se hacen ricos, porque la canción pega o tiene un buen equipo de apoyo que lo ayuda a promover su disco. Lo mismo con los productores de películas, los escritores, los inventores, etc.

La mayoría de las personas trabajan por compromiso, no por dinero. Compromiso con la familia, los biles o cuentas que tienen que pagar, las deudas que tienen que saldar.

¿COMO PIENSAN LOS RICOS?

Donald Trump, el gran magnate americano, millonario y dueño de varios prestigiosos casinos, revela su Lema en la vida: "Piensa en grande " El asegura que eso es su forma de pensar , una forma de pensar muy buena , que en su caso le ha llevado hasta El Gran Éxito." Me gusta pensar en grande, siempre lo he hecho, y funciona .es obvio. Si hay que pensar de todos modos, más vale pensar en grande." Piensa en grande, es su lema, y además una de sus dos frases favoritas, junto con "Estas despedido". Dice: Hay que vivir con la primera, para que no nos pase tener que vivir con la segunda ... Para poder pensar en grande, hay 10 valiosos consejos, los 10 secretos del Éxito de Donald Trump, que hay que tener muy presentes:

1. Ser concienzudo

Hay que estar seguro de que lo que haces funciona, no creer que el azar te llevará en alguna parte, porque no lo hará.

2. Crear tu propio "Momentum"(iniciativa) y mantenerlo

Hay que tener grandes ideas, pero también la energía para hacerlas realidad, no solo la paciencia.

3. Mantenerse enfocado

Si se pierde el enfoque, se pierde el "Momentum", y es asombroso lo que se puede llegar a conseguir con buenas ideas y buen enfoque. Nunca dejes de preguntarte: ¿Que debería de estar pensando ahora?

4. Mirar la solución, y no los problemas

Da igual lo que hacemos siempre hay problemas, son parte de la vida y de todo lo que vale la pena hacer .. No dejar que el problema se haga más grande que la idea, porque la destruirá. ¡Enfocarse en la solución! Siempre la hay. Evaluar el problema:

¿es una catástrofe, o nada más que una alerta? La catástrofe seria como un terremoto, y si no es el caso, hay que mantenerse enfocado y equilibrado para ver la solución correcta.

5. Ver la oportunidad

Por ejemplo, leer este post es una oportunidad, lo lees, porque te gustaría aprender. Los ricos no la han sido siempre, pero han aprendido como llegar a serlo. ¡Aprender todos los días! Puede que esto es el secreto más grande del éxito. Cada novedad puede ser una oportunidad. ¡Abrirse a las nuevas ideas!

6. Aprender todo lo que se pueda sobre lo que uno hace

Ten base para saber siempre lo que está pasando en tu alrededor. Ten conocimiento de lo que haces, piensa lo que estás haciendo en todo momento.

7. Ser afortunado

Cuando más trabaja uno y más cosas hace, más suerte tiene. Hacer las cosas con pasión y no esperar que la suerte venga sola. Amar lo que estás haciendo, y el triunfo llegara ... Si uno no es feliz en lo que hace, no tendrá éxito nunca en eso. Pensar en eso, y pensarlo bien ...

Muchas veces estarás frustrado, pero hay que tomar la frustración como una gran fuerza motivadora para que te lleve donde quieres llegar y no quedarte en donde no quieres estar. ¡Apasiónate!

8. ¡Ver tu propia victoria!

No seas negativo nunca y tus problemas darán un giro positivo. Mira los problemas como desafíos y disfruta resolviéndolos. Los problemas siempre van a ir surgiendo, da igual lo que estás haciendo, créete capaz de solucionarlos. ¡Sea positivo! Piensa en tu éxito, como si ya lo has conseguido, vívelo y lo transmitirás. La actitud victoriosa lleva a la victoria.

9. Ser inteligente

Sea consciente de lo que tienes, del valor de tus ideas y asegúrate que sabes usar bien lo que tienes. Puede que haya cosas aun por aprender, pero ten la habilidad de aprender con éxito, porque es lo que quieres - Éxito. Tenlo y serás más feliz. Hay muchos ejemplos de gente que ha empezado en la vida con grandes desventajas, sin dinero, ni apoyo y ha conseguido Éxitos Grandiosos, precisamente porque han sido inteligentes y han encontrado la manera de usar lo que tienen, y no quedarse en lo que tienen. Todos tenemos algo valioso que ofrecer.

10. ¡No rendirse! ¡Nunca!

La única vez en la que vas a fracasar en tu vida, será la vez cuando te rindas. ¡No lo hagas nunca! Solo los perdedores abandonan. Los ganadores, siguen adelante. Siempre. Hagas lo que hagas, ¡no te rindas! Y ¡piensa en grande!

Esta es otra lista de los mejores consejos para alcanzar el éxito brindados por Donald Trump en su blog de negocios:

1. Piensa en grande: Si de todas maneras vas a tener que pensar, más vale pensar en grande; empieza dando pequeños pasos, pero siempre proyéctate en grande.

2. Sé positivo: Mantente siempre en positivo, pase lo que pase, evita todo pensamiento o emoción negativa.

3. Sigue tu pasión: Dedícate a hacer aquello que amas, busca ser apasionado y mantén siempre el entusiasmo.

4. Aprende algo nuevo cada día: Lee, infórmate, aprende, conoce las reglas del negocio, domina lo que hagas.

5. Sigue tu intuición: Confía siempre en tus propios instintos.

6. Sé paciente: El éxito difícilmente llega de un momento a otro, para lograrlo se necesita tenacidad y paciencia.

7. Pon siempre un gran equipo detrás de ti: Rodéate de personas que sepan más que tú en sus áreas, y que juntos se complementen y formen un gran equipo.

8. Busca la belleza en todo lo que hagas: Busca siempre el lado positivo de las cosas.

9. Aprende a negociar: Cada cosa que quieras lograr, siempre demandará que seas un buen negociador.

10. Siempre ve por la más grande victoria posible: Siempre apunta lo más alto que puedas.

11. Invierte en bienes raíces: Los negocios de bienes raíces son la mejor inversión que hay.

12. Toma riesgos: Una vez evaluada la situación, sé decidido y entra en acción.

13. Sé audaz y busca estar en el ojo público: Siempre busca la manera de hacerte conocido por todos.

14. Sé tu propia marca: Has que la gente te reconozca y confíe siempre en lo que ofrezcas.

15. Disfruta trabajando los 7 días de la semana e incluso en vacaciones: Busca siempre la manera de encontrarle el gusto a lo que hagas.

16. Aprende a decir "no": En ocasiones será necesario que sepas decir que "no".

17. Sal de tu zona de comodidad: Nunca te conformes con lo que tengas, siempre ve por más.

18. Sé terco cuando sea necesario: No abandones hasta que hayas agotado todas las posibilidades de éxito.

19. Siempre ten un plan "B": Siempre ten un plan alternativo en caso de que el primero no resulte.

20. Nunca te conformes con ser segundo: Siempre busca ser el número uno.

Donald Trump también dijo:

HACE MAS DE 20 AÑOS, ACUÑE LA EXPRESION PIENSA EN GRANDE Y HA SIDO PARTE DE MI VIDA DESDE ENTONCES. ADEMAS SE HIZO REALIDAD Y FUI MAS EXITOSO DESPUES DE DECIRLO QUE HASTA ESE MOMENTO. Y POR ESO PIENSO QUE ES UNA BUENA MANERA DE PENSAR. Y OBVIO QUE FUNCIONA Y DE ESO QUIERO HABLAR.

LO QUE DIJE EXACTAMENTE EN MI PRIMER LIBRO, EL ARTE DE LA NEGOCIACION, FUE, ME GUSTA PENSAR EN GRANDE, SIEMPRE LO HE HECHO, PARA MI ES MUY SIMLE, SI DE TODAS FORMAS HAY QUE PENSAR, ES MEJOR QUE PIENSES EN GRANDE. ESE LIBRO FUE UN BEST SELLER Y SE LE CONSIDERA UN CLASICO

DE LOS NEGOCIOS HOY, PERO NUNCA PENSE QUE ESA FRASE FUERA FAMOSA POR SI MISMA.

ES INTERESANTE QUE SOY FAMOSO POR DOS FRASES MUY CORTAS, PIENSA EN GRANDE Y ESTAS DESPEDIDO. PERO HABLEMOS DE LA PRIMERA Y SUGIERO ENFATICAMENTE QUE PRESTE ATENCION, PARA QUE NO TENGA QUE ESCUCHAR LA SEGUNDA. PENSAR EN GRANDE EMPIEZA CON LOS DETALLES Y CRECE DESDE ALLI. PORQUE SOY CONSTRUCTOR ESTOY MUY CONCIENTE DE LA IMPORTANCIA.

<u>Otro Punto de Vista de Donald Trump:</u>

Pensar expansivamente

"Piensa en grande, piensa en Expansión" es buena y ha dado en el punto. Pero vamos a considerar un paso más allá. Vamos a no sólo pensar en grande, vamos a pensar expansivamente. Para los empresarios, pensar expansivamente incluye ver lo que es posible y cómo hacerlo realidad. Los empresarios ven el futuro y lo llaman sentido común o dicen que es inevitable. El resto del mundo lo llama innovación.

Recientemente, he leído con interés acerca de una innovación que me fue atribuida a mí. Me sorprendió porque yo nunca había pensado en ello como una innovación; yo considere que era sólo una forma de combinar dos elementos que podrían funcionar bien juntos. Hace años, cuando yo estaba haciendo la primera Torre Trump para el Hotel Internacional en la parte oeste de Central Park, en la ciudad de Nueva York, decidí que podría ser una buena idea construir un condominio y un hotel juntos. Resultó ser un éxito increíble y ha sido duplicado por mí y por muchos otros desde entonces.

Por lo tanto, muchas veces, la innovación es en realidad el resultado de usar el sentido común, junto con el pensamiento poco común. Esto es ser creativo, pero lo innovador es el montaje (la forma en que se agrupan las piezas) más que cualquier otra cosa.

Pensar expansivamente es sólo otra manera de innovar. A veces me pregunto: "¿Qué más puedo incluir en mi proceso de pensamiento para que sea más amplio? ¿Hay algo que yo pueda añadir que podría mejorar el proyecto o la idea que está dando vueltas en mi cabeza?". Muchas veces, me digo a mí mismo algo que no es enteramente correcto todavía, pero esto abre automáticamente la puerta y deja que más ideas entren. Yo me pregunto: "¿Qué es lo que no estoy viendo? ¿Qué más es posible?"

A veces las respuestas vuelan hasta convertirse en ideas innovadoras. No es necesariamente un procedimiento secreto, pero es un proceso, y requiere concentración.

Robert, Kim y Sharon me visitaron recientemente en mi campo de golf de California. He compartido esta historia con ellos: Mi club tiene un hermoso salón de baile con vista al Océano Pacífico y al campo de golf número uno de California, pero la sala tiene capacidad para menos de 300 personas. No hemos podido dar cabida a muchos de los eventos (como bodas, por ejemplo), ya que nuestra capacidad es demasiado pequeña, por lo que mi equipo de gestión me dijo que la respuesta era ampliar el edificio. Ellos me trajeron los planes para remodelar y ampliar el salón de baile, lo que me costaría millones de dólares y llevaría un montón de tiempo. ¡Hubiéramos tenido que pasar por el proceso de autorización y perdido muchos meses durante la construcción, y eso hubiera significado, por lo tanto, perder millones de dólares en ingresos de negocios - además de gastar millones de dólares para remodelar!

Estando en uno de los eventos que se celebraron, miraba a través del salón, cuando me di cuenta de que una mujer tenía problemas para salir de su silla. La silla era muy grande y pesada, y ella tenía dificultad para alejarla de la mesa para poder levantarse. De hecho, la sala estaba repleta de estas enormes sillas. Tuve una visión inmediata: ¡Se necesitan nuevas sillas - sillas más pequeñas!

Esta idea no sólo me salvó de gastar millones de dólares, incluso me hizo ganar dinero. Hemos ganado más dinero vendiendo las antiguas sillas de lo que nos costó comprar las nuevas sillas Chiavari doradas.

Ahora estamos en condiciones de sentar cómodamente más de 440 personas en el salón de baile y han aumentado el número de grandes eventos que se pueden celebrar, así como los ingresos que recibimos. No solo no fue necesaria la ampliación del edificio, sino que no tuvimos tiempo de inactividad. ¡Por lo tanto, partí de un proyecto que podría haberme costado millones y lo convertí en un beneficio!

Ese es el primer paso a la condición de visionario - ver algo y saber que podría ser diferente o mejor.

Como he dicho antes, aprenda sus lecciones de la mayor cantidad de fuentes como sea posible. Piense y aprenda expansivamente. No va a ser caro, y le puede dar algunos grandes retornos.

Punto de Vista de Robert Kiyosaki:

Yo me crie con dos padres y dos perspectivas muy diferentes sobre el dinero y la inversión. Mi padre pobre, mi verdadero padre, era un hombre trabajador muy bien educado, que se desempeñaba como Superintendente de Educación para el estado de Hawái. Él era un empleado muy bien pagado que murió en la ruina. Mi padre rico, el padre de mi mejor amigo, Mike, abandono la escuela de su educación primaria, pero utilizó la inteligencia de la calle y el espíritu emprendedor para llegar a ser uno de los hombres más ricos de Hawái.

Mi padre rico me enseñó acerca de "pensar en grande", a pesar de que no recuerdo que hablara en esos términos. En lugar de ello, las palabras que el utilizaba a menudo eran "influencia" (o "palanca") y "expansión". Cuando él enseñó a su hijo y a mí a pensar en las diferencias entre influencia y expansión, el utilizó la franquicia de McDonald's como un ejemplo. Él podría habernos dicho, "Cuando Ray Kroc compró a McDonald's de los hermanos

McDonald, el se apalanco a si mismo. Cuando la franquicia McDonald's, el expandió su influencia."

Esta idea me lleva al concepto del "Cuadrante del Flujo de Efectivo" (Cashflow Quadrant) (véase la imagen de arriba). Las letras en cada uno de los cuadrantes representan:

E – Empleado
A - Auto-empleado
D - Dueño de Negocio
I - Inversor

Cada uno de nosotros está en, al menos, una de las cuatro secciones del cuadrante. El lugar dónde estamos está determinado por "de donde proviene nuestro efectivo" - de cheques de pago o de ingresos pasivos.

Aunque la libertad financiera se puede encontrar en cualquiera de los cuadrantes, las habilidades de un empresario y las de un inversor le ayudarán a alcanzar sus metas financieras con mayor rapidez.

Cuando Kroc compró el stand de hamburguesas, él se apalanco a sí mismo, porque el negocio de las hamburguesas puede hacer dinero con o sin él. Y aquí es donde la mayoría de los propietarios de un negocio del cuadrante "A" se detienen: ellos mantienen sus empresas pequeñas (las mantienen chicas, no crecen). Cuando Kroc desarrolló un sistema de franquicia para su pequeña empresa, el amplió el negocio de las hamburguesas y lo llevo al cuadrante "D".

Usted puede notar que utilicé las palabras sistema de franquicia (franchise system), pero la palabra clave es "sistema". En mi libro "Antes de Renunciar a tu Empleo" (Editorial Aguilar), escrito para los empresarios, escribí ampliamente sobre el Triángulo D-I (D-I Dueño-Inversor). El Triángulo D-I es el diagrama que mi padre rico utilizaba para enfocar mi pensamiento y para enseñarme sobre las ocho partes que componen una empresa.

Muchos empresarios fallan simplemente porque uno o más de las ocho piezas del Triángulo D-I es débil o inexistente. Cada vez que estudio la posibilidad de inversión en un negocio, yo uso el Triángulo D-I como una referencia de análisis.

Observe que la palabra producto se utiliza para etiquetar la sección más pequeña, y la palabra misión es una de las más grandes secciones -, así como las bases para el Triángulo. Esto se debe a que el producto es el ítem menos importante en el Triángulo D-I, y la misión es la parte más importante. La misión es el espíritu de la empresa, es el corazón del negocio. Sin espíritu y sin corazón, la mayoría de los empresarios no lo logran, simplemente porque el camino que tenemos por delante es el más difícil.

El mundo está lleno de grandes productos que fallan (no se venden, no se comercializan). Esos productos fallan simplemente porque no tienen el poder del Triángulo D-I detrás de ellos.

Cuando usted estudia las empresas de mayor éxito, lo más probable es que encuentre un completo y vibrante Triángulo D-I en acción. Un gran negocio debe tener una gran misión, un gran liderazgo, un equipo competente de directivos que trabajen bien juntos, un excelente flujo de caja y buenas finanzas, unas claras y efectivas comunicaciones de ventas y de marketing, unos sistemas que funcionen de manera eficiente, unos claros documentos legales y fuertes acuerdos, y por supuesto, un gran producto.

La mayoría de nosotros puede cocinar una hamburguesa mejor que las de McDonald's. Pero pocos de nosotros podemos construir un sistema de empresa mejor que el de McDonald's - lo que nos lleva de nuevo a la palabra "sistema". Una de las mayores diferencias entre el dueño de negocio del cuadrante "A" y el dueño de negocio del cuadrante "D", es que este último es dueño de un sistema. Normalmente, el empresario del cuadrante "A" es su propio sistema, razón por la cual él o ella no pueden expandirse.
Un número demasiado elevado de empresas son dependientes de personas. McDonald's, por otra parte, es dependiente del sistema. Tiene bien diseñados los sistemas. Independientemente de donde quiera que vaya en el mundo, la empresa McDonald's es bastante

uniforme. Lo que es más importante, las actividades de la empresa son a menudo sistemas que ejecutan principalmente personas con sólo educación secundaria.

He examinado a muchas empresas que están subiendo fuertemente, tienen personal de alto nivel de educación y personas muy bien pagadas que están trabajando duro, aunque complicándose un poco. En la mayoría de los casos, este tipo de empresas se centran principalmente en las personas y no en el desarrollo de grandes sistemas. Pero incluso un gran equipo de personas muy bien pagadas puede fallar, si no tienen grandes sistemas.

¿Cuál es la diferencia entre un empresario y un CEO? Para que sea lo más simple posible, un empresario es como una persona que construye pistas para carreras de coches. Un CEO es como un conductor en la carrera de coches. Si usted tiene un gran conductor de coches para la carrera, pero la pista de la carrera ha sido mal construida, el gran CEO perderá en cada vuelta. Rara vez encontrará empresarios que también son grandes CEO. Donald Trump es una de esas personas. Lo mismo ocurre con Bill Gates, Michael Dell y Steve Jobs. Estos hombres pueden construir una gran pista de carreras y además conducir muy bien los automóviles.

En la Compañía de Padre Rico (The Rich Dad Company) - una empresa de educación de Scottsdale, Arizona, que enseña finanzas personales y de negocios a personas de todo el mundo a través de libros, seminarios y productos educativos - tenemos tres personas que son tanto CEO, como constructores de pistas de carreras: Kim Kiyosaki, (mi esposa y co-fundadora de la empresa); Sharon Lechter, y yo mismo. Sharon, también co-fundadora, es excelente, tanto en la construcción de la pista y en la conducción de los coches. Kim y yo somos mejores conduciendo, pero también hemos creado partes del coche.

A menudo me dicen que yo soy la bocina (la corneta, el claxon) de La Compañía Rich Dad, y Sharon es el motor. Pero definitivamente, quiero decir Rich Dad es una empresa de equipo.

He conocido a muchas personas que se han hecho muy ricos en el cuadrante "A". Muchos de ellos son propietarios de pequeños negocios. y son excelentes constructores y conductores de estas pequeñas empresas. También hay personas en los cuadrantes "E" y "A" y que se vuelven muy ricos vinculándose a empresas de cuadrante "D". Por ejemplo, Tiger Woods es un "A" (y, en su caso, "A" también significa Astro-Deportivo, así como Auto-Empleado), pero gran parte de su riqueza proviene de sus asociaciones con empresas del cuadrante "D". Lo mismo ocurre con algunas estrellas de cine. Son individuos del cuadrante "A", pero se asocian con empresas del cuadrante "D", como Sony o Warner Bros.

Donald Trump dice "piense en grande", y el construye edificios gigantes y shows de televisión mega exitosos. Mi padre rico decía expandirse, y el quería decir la forma de la expansión que tuvo McDonald's. Ambas son formas de pensar en grande.

"Ponga en marcha el negocio con el que tanto ha soñado" Por Bob Weinstein.

En todos lados existen grandes ideas para hacer negocios. Para ser un ganador potencial, lo único que necesita es estar abierto a las posibilidades. Para iniciar la búsqueda de esa idea que dejó en el cajón y que pondrá al mundo de cabeza, le presentamos los comentarios de dos fuentes expertas en la materia: el gurú de la mercadotecnia Al Ries, presidente de la firma Ries & Ries de estrategia en mercadotecnia y coautor, junto con Laura Ries, de *22 Inmutable Laws of Branding*, (*22 leyes inmutables de marcas*) y a Perry Lowe, observador de tendencias comerciales, y profesor de mercadotecnia en el Bentley College de Waltham, Massachusetts. Estos autores son obligados puntos de consulta para dar el primer paso en la búsqueda del negocio de sus sueños.

1. Empiece con la familia. Quizá aprovechar a la familia para las grandes ideas sobre un negocio no parezca muy apropiado como primer paso. De seguro, una vez que haya concretado su idea, les solicitará efectivo, pero ¿cuánto podrá aportar su padre o su tía para un proceso que está en pañales?... Muchísimo.

Desde luego Donald Trump no dudó un instante en aprender de su padre Fred todo sobre bienes raíces. Fred administraba una pujante compañía de bienes raíces, cuenta Ries. Trump tuvo la magnífica idea de capacitarse antes de arrancar y convertirse en uno de los más sobresalientes constructores y fraccionadores del país. Si su padre no le hubiera proporcionado las bases y el adiestramiento para crear un negocio sin igual, Donald Trump no ocuparía el lugar que tiene ahora. "Desafortunadamente, muchos insisten en iniciar una empresa sin ayuda de su familia, lo cual me parece una tontería", agrega Ries.

2. Pida ayuda a sus amigos. Ries sostiene que es muy limitante depender sólo de las ideas propias, sobre todo si la creatividad no es su fuerte. Esto es razón suficiente para escuchar las ideas de los otros, agrega Ries.

Si usted tiene 15 o 20 amigos, hay muchas probabilidades de que algunos le den ideas de negocios increíbles.

Ries comenta que, si no hubiera sido por Steve Wozniak, gran amigo de Steve Jobs, Apple Computer no existiría. Jobs no sabía nada de computadoras; en cambio, Wozniak era el genio de la computación y fue el creador de la primera computadora Apple. Jobs tenía ojo para los grandes negocios y percibió el potencial de mercadotecnia para fabricar un nuevo tipo de computadora. La lección más importante es mantenerse alerta en todo momento para captar las buenas ideas con las que uno se tropieza. Ries insiste en que se puede hacer más dinero cuando se acepta la idea de otro que partir de la propia.

3. Revise todo lo que le molesta. Quizá esto no le motive mucho, pero Ries afirma que, hacerlo, ayuda bastante a encontrar las grandes ideas comerciales. Cuenta lo irritado que estaba Kemmons Wilson en la década de los sesenta, cuando el propietario de un motel le quiso cobrar un precio adicional por cada uno de sus cinco hijos. Su indignación fue tal que se fue y comenzó el Holiday Inn en Tennessee --ahora una de las mayores cadenas hoteleras del mundo.

"Si King C. Gillette no hubiera estado tan fastidiado con el tedioso proceso de afilar su navaja de barbero --anota Ries-- no hubiera fundado la masiva industria de rastrillos desechables". Cuando planteó su idea de una rasuradora portátil con una navaja que sirviera varias veces en un centro universitario de investigación, los ingenieros dudaron de su cordura. Gillette escuchó la voz de su instinto empresarial, el resto es historia".

4. Aproveche sus intereses. Miles de personas inteligentes han practicado un pasatiempo que se ha convertido en un fructífero negocio. Un buen ejemplo son Tim y Nina Zagat, quienes lanzaron Zagat Surveys, un imperio de publicidad que vende guías de restaurantes en la mayoría de las ciudades de Estados Unidos y en muchas de las principales ciudades europeas.

A principio de la década de los setenta, los Zagat eran abogados muy cotizados cuya pasión era comer en buenos restaurantes. Por diversión crearon un boletín acerca de los restaurantes de mayor popularidad, resultado de su investigación, que repartían entre amigos. Cada año incluían más establecimientos para comer, hasta que se convirtió en una tarea costosa y casi de tiempo completo, de modo que cobraban por él para reducir gastos.

Este fue el humilde inicio de la famosa empresa Zagat Survey, cuya guía se vende en casi todas las librerías del mundo. ``Cuando uno hace algo que le encanta, no lo siente como trabajo", dice Ries.

5. Viaje, conozca y amplíe sus horizontes. "Los viajes ilustran, abren los ojos a una inmensidad de ideas sobre negocios potenciales", afirma Ries. Menciona el descubrimiento de Domino's Pizza cuando Leopoldo Fernández Pujals hizo un viaje a Estados Unidos desde su natal España. Pujals se impresionó tanto con el funcionamiento de la comida para llevar que, a su regreso a España, lanzó, en 1986, su propia versión llamada TelePizza. Ahora la compañía tiene ventas por US$260 millones, y emplea a 13 mil personas en restaurantes de comida rápida que se encuentran en ocho países.

6. Mantenga los ojos bien abiertos. Cuando vea algo que le suscite interés, pregúntese: ¿por qué es especial esta situación? Después, afine su enfoque para sumergirse en la idea. Con frecuencia, el proceso de partir de cero en una idea abre poderosos nichos de mercado. Ries afirma que el nicho de Blockbuster Video es alquilar videos, en tanto que el de Bulbs Unlimited es vender focos. ¿Queda claro?

7. Revise las viejas ratoneras; después, construya una mejor. Según Perry Lowe, observador de tendencias comerciales, si un producto no satisface las normas deseables, hay que crear otro mejor. Esto es lo que colocó a Ben & Jerry's en una posición privilegiada a fines de la década de los setenta.

A Ben Cohen y Jerry Greenfield, fanáticos del helado, les parecía que ninguno de los helados que acostumbraban a consumir eran lo suficientemente ricos para satisfacer sus refinados paladares, de modo que crearon su propia línea. Si estos fanáticos no hubiesen sido tan exigentes, no disfrutaríamos de la amplia y deliciosa variedad que hoy ofrecen.

8. Lleve su producto a las calles. ``No existe mejor lugar para lanzar productos que las calles de la ciudad", advierte Lowe. La cultura callejera ha dado origen a modas, como el *punk*, el *hip-hop* y el *grunge*, que evolucionaron con rapidez hasta convertirse en negocios multimillonarios. Más aún, Lowe afirma que es posible encontrar grandes ideas desperdigadas en los vecindarios de casi cualquier metrópoli.

9. Consulte sus ideas con la almohada. Pocos recuerdan sus sueños, pero, a veces, es fructífero escuchar los mensajes internos, no obstante, cuán extraños e ininteligibles sean. Lowe advierte que quizá ahí se encuentre la semilla de una gran idea. El enfoque freudiano es un gran vehículo para determinar las necesidades del consumidor porque permite que los consumidores anónimos digan lo que quieren de manera inconsciente. El obstáculo es tener que levantarse a la mitad de la noche para escribir esas grandes ideas antes de que se olviden.

10. Conéctese a Internet. Por último, Lowe asegura que navegar en Internet es una forma divertida para descubrir ideas comerciales, que son, potencialmente buenas. Casi todos los motores de búsqueda cuentan con una sección de novedades y de aquello que está de moda, donde se enumeran nuevas tendencias, así como los nuevos sitios de *Web*.

El experto también aconseja entrar en varios sitios todos los días, pues uno nunca sabe cuándo puede llegar a encontrar una idea o concepto que jamás hubiera imaginado.

Ganancias en la Bolsa

Mark Talucci, de 33 años, jamás olvidará aquella fiesta del supertazón celebrada en enero de 1989. Todos los invitados admiraron la bolsa de su amiga, comprada en Indonesia. Sorprendido ante esta reacción, Talucci perdió interés en el partido entre los Cuarenta nueves y los Broncos y, con aire indiferente, sondeó al medio centenar de personas en la fiesta para averiguar la razón por las cuales la bolsa en cuestión les había gustado tanto. Fascinado ante la respuesta, decidió lanzar la empresa de bolsas The Sak, en San Francisco, en sociedad con su amigo Todd Elliott. Talucci renunció a su puesto de ingeniero para instalar el negocio en su garage. Conjuntaron sus ahorros en un total de US$18,000, y viajaron a Bali para fabricar bolsas. Fue una decisión precipitada, si se considera que ni Talucci ni Elliott tenían la menor idea de cómo fundar una empresa y menos aún de bolsas. Sin embargo, estaban seguros de tener un producto fantástico entre manos. El resultado es una empresa que alcanzó ventas por cerca de US$40 millones en 1998. Las bolsas de Talluci se venden en la mayoría de los grandes almacenes y boutiques de Estados Unidos.

Al recordar los inicios, Talucci no se arrepiente de nada. Admite que su decisión fue impulsiva, pero, por otro lado, nada tenía que perder. Lo único en juego era un poco de tiempo y US$9,000, "y supuse que era un riesgo que bien valía la pena", dice sonriente. Y acertó.

Lo Puedo Superar

En 1992, Cynthia McKey era una joven abogada en Denver aferrada a la idea de formar una clientela corporativa que le rindiera jugosas ganancias. Nada más lejano a sus deseos que iniciar un negocio. Pero esta actitud cambió cuando su esposo recibió una canasta de regalo de su madre. Cynthia se impresionó al enterarse de que la humilde canasta con golosinas, papas fritas y otros alimentos chatarra había costado US$50. ¡Qué osadía! ¡Qué desfachatez! ¡Qué robo! Al recordarlo, la abogada atribuye su molestia al hecho de que, en aquel entonces, se dedicaba a los derechos del consumidor. Su primer pensamiento fue que podría preparar una mejor canasta, pues además de que la que había recibido no contenía nada sustancioso, los productos estaban puestos sin ton ni son, sin toque artístico alguno, lo cual consideró muy ofensivo. Cynthia ideó su canasta de regalo sólo un día antes de lanzarse a la acción. Al cabo de 24 horas había renunciado a su empleo, escrito precipitadamente las bases generales de un plan comercial en el reverso de una servilleta y registrado la razón social de Le Gourmet Gift Basquet, Inc.

Hoy, Cynthia recuerda que fue muy ambicioso pensar en el éxito de este proyecto. En la actualidad, a los 43 años, afirma que, para empezar, no sabía nada de ventas al menudeo ni de empresas creativas e ignoraba la competencia a la cual habría de enfrentarse. Por ejemplo, jamás se le ocurrió revisar datos demográficos. Tras trabajar casi las 24 horas del día, consiguió que su negocio fuera rentable al cabo de seis meses de operación. En 1996 vendió franquicias y ahora cuenta con 225 establecimientos en todo Estados Unidos.

En el caso de Cynthia, la ignorancia fue, sin duda, una bendición. Admite que, si hubiera pensado racionalmente, tal vez jamás se habría lanzado. Es más, agradece no haber sido tan pragmática.

"El verdadero poder radica en estar consciente de los pensamientos que tienes". Charles Hannel

Nunca permitas que tus pensamientos divaguen, se consciente de lo que piensas, mantente enfocado solo en lo que quieres, es complicado sí, pero solo al principio, pues, en fin, es el trabajo más arduo creo yo que se debe realizar camino al éxito. Debemos recordar que la única diferencia entre un hombre exitoso y otro que no ha conseguido tener éxito es EL ENFOQUE, el hombre exitoso se enfoca constantemente en aquello que quiere lograr lo que lo motiva a tomar acción, (la acción es consecuencia de los pensamientos positivos) mientras que los demás no saben lo que quieren, no tienen claro hacia donde se dirigen y por lo tanto no saben en que se enfocan y si lo hacen se enfocan en sus problemas, deudas y dudas lo cual atrae más de lo mismo.

Estrategias de David Schwartze, divulgadas en su libro *"La magia de pensar en grande"*.

Al igual que en mi caso, el empleo apropiado de estas técnicas te ayudará a mejorar la calidad de tus relaciones y por lo tanto, la calidad de tu vida.

1. Mantente fresco cuando otros estén furiosos y pierdan la cabeza. Tú tienes el control sobre tus emociones, no lo pierdas. No se trata de no demostrar tu molestia, sino de hacerlo mesuradamente, sin después arrepentirte de una acción cometida en un momento de descontrol.

2. Recuerda que cada discusión tiene al menos tres puntos de vista: el tuyo, el del otro y los de terceros, los cuales probablemente están más cerca de la objetividad. Siendo más versátil y viendo las cosas desde la perspectiva de los demás enriquecerás tu propio punto de vista.

3. Espera a calmarte antes de hablar. Ten en cuenta que la relación es más importante que la discusión. Dales más relevancia a las personas que a las opiniones.

4. Trata a toda persona con la cual tengas contacto como si fuera un pariente rico, de quien esperas ser incluido en su

testamento. Nunca te arrepientas de tratar muy bien a la gente. Es el mejor negocio en todos los sentidos.

5. Busca el lado positivo y agradable, aun de las situaciones más complicadas y dolorosas. Es una disciplina que te ayudará a pasar más fácilmente los momentos difíciles, y a convertir los problemas en oportunidades.

6. Establece el hábito de hacer preguntas y, sobre todo, de escuchar las respuestas. Pregunta antes de reaccionar. Algunas veces disparamos y después preguntamos. También preguntamos, pero escuchamos para contestar, y no para tratar de entender.

7. No hagas o digas nada que pueda herir o hacerle daño a otra persona. Aférrate al proverbio que dice que todo lo que uno haga, se devolverá. La gente no recuerda tanto lo que tú dices o haces, sino la intención con la que lo haces.

8. Sé consciente de la diferencia entre análisis amigable y crítica destructiva. Observa si el propósito de tus palabras es ayudar, desahogarte o hacer daño.

9. Ten presente que, si toleras a los demás, ellos también serán pacientes contigo en los aspectos no muy gratos de tu personalidad.

10. El verdadero líder sabe reconocer sus errores y aceptar responsabilidad. No olvides que un conflicto bien manejado fortalece la relación, y te ayuda a aprender de las diferencias.

T. Harv Eker nos explica las siguientes características de la mente millonaria:

1. Los millonarios creen firmemente en que ellos son los responsables de todo lo que les ocurre en la vida y de todo lo que desean que les ocurra. Simplemente creen que ellos son los responsables de hacer que las cosas pasen en todos los aspectos de la vida.

No esperan que la vida les mande buenas amistades: las cultivan. No esperan por buenas oportunidades económicas: las propician. Tal vez no sea sencillo, pero todo comienza con sentirse responsable y dejar de echar culpas.

2. Los millonarios buscan conscientemente ganar y dar a ganar en todos los aspectos valiosos de sus vidas. Los que no tienen mentalidad de millonarios buscan no perder. Y esta sutil diferencia es fundamental. Porque cada vez que usted busca no perder, está provocando exactamente eso: perder más.

Como regla general, establezca metas u objetivos amplios, que incluyan varias de sus prioridades o valores, y que busquen siempre ganar y no perder. Piense en cómo ganar un millón de dólares y no en "cómo no perder lo que ya tiene en estos momentos de crisis".

3. Los millonarios se comprometen con todo aquello que desean, ya sea dinero o una relación. Están dispuestos a pagar el precio que se tenga que pagar. Los pobres mentales, negocian con el precio y tratan de comprar ofertas siempre. No conozco una gran obra de la humanidad en la que el enfoque haya estado en el costo. por el contrario, todos los recursos y enfoque se dirigieron siempre al resultado, cueste lo que cueste.

Y el compromiso no es posible si usted no sabe con claridad cristalina lo que realmente quiere. Trabaje en definir lo. No espere saberlo desde la primera vez que se pregunte "¿qué es lo que realmente quiero de la vida? Algunos sí lo saben, otros no y tardan algo más, pero es irrelevante la diferencia de tiempo. Lo importante es empezar a preguntárselo hasta que se tenga una respuesta de corazón.

4. Los millonarios piensan en grande, los pobres mentales en pequeño. Los millonarios no quieren simplemente tener una pareja, sino la pareja de su vida, su alma gemela. No quieren un poco de dinero, lo quieren en exceso. No quieren un buen trabajo, sino el mejor trabajo del mundo. No quieren adquirir una buena posición en la empresa en la que trabajan; quieren ser presidentes del consejo. Si quiere una mejor posición, cámbiese de silla.

5. Los millonarios son siempre mayores que sus problemas. Ser millonario en cualquier aspecto de la vida será seguramente más parecido a una aventura a lo desconocido llena de obstáculos que un paseo por un jardín botánico con temperatura controlada. No estoy siendo negativo sino preciso.

Pero cuando vienen los problemas, los millonarios crecen y se hacen más grandes que estos, para alcanzar con sus metas infaliblemente.

6. Los millonarios se enfocan en las oportunidades, mientras que los pobres mentales se enfocan en los problemas. Y si ya conoce cómo funciona la Ley de la Atracción, aquello en lo que se enfoque consistentemente será aquello que atraiga con más facilidad.

Enfóquese en la recompensa, no en el riesgo. Mantenga la recompensa siempre en su mente y vencerá cualquier obstáculo. Elimine los bloqueos que le aparezcan, todo lo que induzca el auto sabotaje. De esa manera, la visualización y enfoque de la recompensa será más fuerte.

SOBRE EL AUTOR

Milco Baute: Escritor, filósofo y profesor cubano americano. Nació en La Habana-Cuba el 26 de Noviembre de 1967. Comenzó a escribir artículos desde 1992. El 10 de diciembre de 1995 se muda a los Estados Unidos y en el año 2001 se convierte en ciudadano americano.

Estudió Filosofía en un curso online de la Universidad de Edinburgh del Reino Unido graduándose en 2016. Desde el 2008 hasta el 2017 ha publicado más de 10 libros en inglés y español. Tiene su propia editorial donde escribe, publica y distribuye para otros autores.

Cursó además estudios de dibujo, fotografía, cámara de cine, producción y edición. Es también graduado en Sistema de Energía Eléctrica en La Habana, Cuba como técnico medio.

LIBROS DE MILCO BAUTE:

- El camino hacia la Libertad Financiera.
- ¿Como hacer crecer mi congregación?
- Frases, Expresiones y Proverbios para la Vida.
- Lo que ellos no quieren que sepas.
- Lo que ellos no quieren saber.
- A mis hijos.
- Los errores de iglesias cristianas.
- ¿Por qué Donald Trump?
- Why Donald Trump?
- Los logros de la administración Trump en su primer año.
- MET 16 Preparando Electricistas.
- MET 16 Preparing Electricians
- Racismo en América.
- Conceptos.
- Comunismo en América.
- Fascismo en América.
- Negocios lucrativos no convencionales.
- La invasión inmigrante y el cambio demográfico.
- La Izquierda Americana en sus tres fases.
- ¿Por quién he de votar?
- Democrats vs Republicans.
- La maldición de las calumnias.
- Reflexiones de Milco Baute.
- El Globalismo y el Nuevo Orden Mundial.
- Sé libre financieramente desde hoy.
- En busca de la Libertad Financiera.

www.escritormilcobaute.com